A COMUNIDADE TERRESTRE

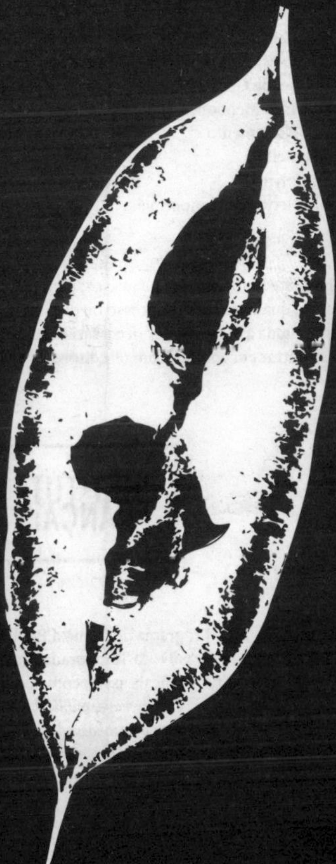

A COMUNIDADE TERRESTRE

título original: *La communauté terrestre*

Achille Mbembe

ISBN 978-65-6119-057-2

Embora adote a maioria dos usos editoriais do âmbito brasileiro, a n-1 edições não segue necessariamente as convenções das instituições normativas, pois considera a edição um trabalho de criação que deve interagir com a pluralidade de linguagens e a especificidade de cada obra publicada.

COORDENAÇÃO EDITORIAL Peter Pál Pelbart e Ricardo Muniz Fernandes
DIREÇÃO DE ARTE Ricardo Muniz Fernandes
GESTÃO EDITORIAL Gabriel de Godoy
ASSISTÊNCIA EDITORIAL Inês Mendonça
TRADUÇÃO © Sebastião Nascimento
PREPARAÇÃO Fernanda Mello
REVISÃO Gabriel Rath Kolyniak
EDIÇÃO EM LaTeX Paulo Henrique Pompermaier
CAPA Isabel Lee

AMBASSADE DE FRANCE AU BRÉSIL
Liberté
Égalité
Fraternité

INSTITUT FRANÇAIS

Este livro, publicado no âmbito do Programa de Apoio à Publicação 2024 Atlântico Negro da Embaixada da França no Brasil e da Temporada Brasil França 2025, contou com o apoio à publicação do Institut Français assim como com o apoio do Ministério da Europa e das Relações Exteriores. | *Cet ouvrage, publié dans le cadre du Programme d'Aide à la Publication 2024 Atlantique Noir de l'Ambassade de France au Brésil et de la Saison France-Brésil 2025, bénéficie du soutien des Programmes d'Aide à la Publication de l'Institut Français ainsi que du soutien du Ministère de l'Europe et des Affaires Etrangères.*

1ª edição | Setembro, 2025

n-1edicoes.org

Achille Mbembe

A COMUNIDADE TERRESTRE

tradução **Sebastião Nascimento**

n-1 edições

PREFÁCIO

Este ensaio é o último de uma trilogia iniciada com *Políticas da inimizade* e retomada em *Brutalismo*, cujo objetivo era assumir a África como ponto de partida para uma apreensão inteligível das principais forças de transformação da vida na era da globalização.[1] Por muito tempo, o planeta e seus habitantes têm vivido em função de certezas eurocêntricas. Sem dúvida meros preconceitos, mas grande parte dessas certezas, em prol da causa, foi dissimulada com a máscara daquilo que o filósofo Souleymane Bachir Diagne chama de "universalismo panorâmico".[2] De lá para cá, o resto do mundo tem clamado, incessantemente e com todas as vozes, por uma descentralização que permita tornar visíveis as diferentes manifestações do gênio humano e propiciar outras imaginações do cosmos.[3] Ao que parece, essa época ficou para trás, embora muitas pessoas, de ambos os lados, ainda custem a entender todas as implicações dessa mudança.

A primeira é que nada do que foi perdido precisa ser restaurado. Algumas perdas não são apenas incalculáveis, mas também irreparáveis. O incalculável e o irreparável, contudo, não excluem nem impedem as demandas por cuidado e por verdade, muito menos a demanda por justiça. Pelo contrário, servem apenas para enfatizar sua urgência e sua condição infindável. É bem possível que,

1. Achille Mbembe, *Políticas da inimizade*. Trad. Sebastião Nascimento. São Paulo: n-1, 2021 [*Politiques de l'inimitiè*. Paris: La Découverte, 2016]; *Brutalismo*. Trad. Sebastião Nascimento. São Paulo: n-1, 2022 [*Brutalisme*. Paris: La Découverte, 2020].

2. Souleymane Bachir Diagne, "La fin de l'universalisme européen sera le commencement de l'universel", *Philosophie magazine*, 19 out. 2022.

3. Édouard Glissant, *Une nouvelle région du monde. Esthétique* I. Paris: Gallimard, 2006.

em última análise, elas formem a base do tipo de dívida que é ao mesmo tempo irresgatável e sem fim, sobre a qual se assenta toda comunidade digna desse nome, toda *comunidade que vai além da identidade, do Estado nacional e do contrato*. A segunda consequência dessa mudança é que, no limite, tudo precisará ser criado e reinventado, e imaginar e nomear são o ponto de partida para toda e qualquer reinvenção. Nomear é notificar formalmente, é intimar para comparecer a um julgamento, ou seja, a uma decisão. O comparecimento é o oposto do esquecimento e do silêncio. Indica um dever, o dever de estar presente, e assinala uma obrigação, a obrigação de responder. Como já estamos sempre presentes *com* outros, o próprio nome da existência se situa *com* eles, na *relação*, que se tornará a reinvenção.[4] A terceira consequência é que a Terra é nosso local de origem. Pode não ser necessariamente nosso destino, mas é, em sua materialidade, algo pré-constituído, que inevitavelmente precede nossa existência e que continuará a existir depois de nós. Por outro lado, essa existência é forçosamente compartilhada. Sem a Terra, nada mais é possível. É claro que ela une tanto quanto separa, mas sempre impõe uma relação de partilha, que, afinal de contas, é a essência da *relação*.

A vivência dos limites

Neste momento de aceleração e entrelaçamento do tempo e de contração dos espaços, em decorrência da disseminação global das tecnologias digitais, muitas das potências mundiais continuam a nutrir reflexos predatórios em termos militares e econômicos. Do ponto de vista da produção de signos que remetam ao futuro, porém, elas jamais deixam de dar a impressão de andar em círculos. Na maioria dos casos, as antigas pulsões imperialistas

4. Édouard Glissant, *Poétique de la Relation. Poétique III*. Paris: Gallimard, 1990.

hoje só se relacionam com um passado nostálgico.[5] Isso se deve ao fato de o centro se ver agora irremediavelmente consumido por um desejo insaciável de ter fronteiras e pelo medo do colapso, gerando apelos mal disfarçados não à conquista propriamente dita, mas ao fechamento e até mesmo à secessão.[6]

Se o clima é de retração e isolamento, é porque muitas pessoas perderam a fé no futuro, já não esperam algo além do próprio fim. Além disso, por mais que se apregoe que a aceleração tecnológica e a transição para uma civilização computacional representam a nova via para a salvação, tudo se passa como se, na verdade, a curta história da humanidade sobre a Terra já estivesse consumada. Assim, a tarefa do pensamento se resumiria a constatar: prenunciar a catástrofe e declará-la –[7] por essa razão, é bem provável que o acúmulo de todos os tipos de narrativas sobre o fim domine as próximas décadas. Essas narrativas vêm se alastrando em um contexto de ansiedades e pânicos – os mais variados. A vida no limite dos extremos vem se consolidando como nossa condição comum. Todos os estudos indicam que a concentração de capital em poucas mãos nunca atingiu os níveis que vemos hoje. Em escala global, uma plutocracia devoradora continua atuando de cá e de lá para capturar e sequestrar os recursos de toda a humanidade e, muito em breve, todos os recursos do mundo vivo.

Ao mesmo tempo, estratos inteiros da sociedade correm o risco acentuado de uma vertiginosa degradação. Até pouco tempo atrás, tinham a oportunidade de elevar sua condição ou de experimentar uma mobilidade ascendente. Agora, quando a corrida segue para o abismo, resta-lhes lutar, se não pela sobrevivência,

5. Paul Gilroy, *Mélancolie postcoloniale*. Paris: Éditions B42, 2020.

6. Sobre a maneira como a vertente ambientalista do catastrofismo se articula com as tradições da demonologia, ver S. Jonathan O'Donnel, "Damned Ecologies. Environmental Demonology and Apocalyptic Normativization in American Spiritual Warfare", *Environmental Humanities*, v. 14, n. 3, 2022.

7. John Beck e Mark Dorrian, "The Time Capsule and the Cut-up. Negotiating Temporality, Anticipating Catastrophe", *Theory, Culture & Society*, v. 37, n. 7-8, 2020.

pelo menos para preservar e eventualmente proteger o pouco que lhes sobrou. Mas, em vez de culpar o sistema que causou seus infortúnios, voltam-se contra aqueles que são mais miseráveis do que eles, uma classe de pessoas supérfluas que já perderam quase tudo de sua existência material e de sua dignidade, contra as quais agora clamam por uma brutalidade ainda maior.[8] Por outro lado, o aumento das inquietações tem como pano de fundo uma consciência muito mais aguçada do que antes sobre a nossa finitude espacial. A Terra não para de encolher. Como um sistema finito, atingiu seus limites. Essa experiência dos limites e a litania de situações extremas que ela gera são vivenciadas por alguns antes dos outros. Para muitas regiões do Hemisfério Sul, criar vida a partir do invivível tem sido nossa condição há séculos. A novidade é que agora compartilhamos a provação dos extremos com muitos outros, a quem, no futuro, nenhum muro, fronteira, bolha ou enclave será capaz de proteger.

A realidade da contração e a inflexão na direção dos limites são visíveis não apenas no esgotamento vertiginoso dos recursos naturais, dos combustíveis fósseis e dos metais que sustentam a infraestrutura material de nossas existências. Tomam forma também na toxicidade da água que bebemos e do ar que respiramos. Tornam-se perceptíveis também sob a forma das transformações sofridas pela biosfera, evidenciadas por fenômenos como a acidificação dos oceanos, a destruição de ecossistemas complexos, enfim, a mudança climática e o êxodo daqueles cujos ambientes de vida foram saqueados. Na realidade, é o sistema de sustentação da própria Terra que é afetado e, com ele, talvez a capacidade dos seres humanos de fazer história.

8. Achille Mbembe, *Brutalismo*, op. cit.

Ruptura generalizada

Nem mesmo nossa própria concepção de tempo escapa ao questionamento. Por mais que as velocidades sejam continuamente aceleradas e as distâncias vencidas, o tempo concreto, o tempo da carne do mundo e de sua respiração, bem como o tempo do Sol à medida que envelhece, não é mais extensível ao infinito. No fundo, o nosso tempo está contado. Temos ambos os pés fincados na era da combustão do mundo. Por isso, é com a urgência que nos confrontamos, e a realidade da urgência, da fragilidade e da vulnerabilização é algo que muitos povos do mundo vivenciaram bem antes de nós, nos inúmeros desastres que assinalaram sua história de extermínios e genocídios, de massacres e desapropriação, a extensa ladainha das devastações coloniais.

A possibilidade de uma ruptura generalizada paira, portanto, sobre a própria superfície do mundo. Impulsionada, por um lado, pela escalada tecnológica e pela intensificação do brutalismo, por outro o é pela lógica da combustão e sua produção lenta e indefinida de todos os tipos de nuvens de cinzas. A rigor, a era da combustão mundial é uma era pós-histórica. A perspectiva de tal evento relançou antigas corridas, a começar pela corrida por uma nova partição da Terra. Também reavivou antigos sonhos, a começar pelo sonho de dividir a raça humana em diferentes espécies e variedades, cada uma delas marcada por suas especificidades irreconciliáveis.

Talvez seja isso que explique o renascimento, em escala global, das práticas de seleção e triagem que marcaram a história da escravidão e da colonização, dois momentos de ruptura impelidos na época tanto pela tempestade de aço quanto pelo racismo, o combustível da modernidade. Como naqueles momentos, o renovado impulso de seleção se apoia na tecnologia. Desta vez, porém, não são apenas máquinas, mas algo ainda mais gigantesco, sem limites, na confluência do cálculo, das células e dos neurônios, e que parece desafiar a própria experiência do pensamento.

De qualquer forma, a ideia de uma ruptura generalizada, ao mesmo tempo telúrica, geológica e quase tecnofenomenal, também está presente na base do pensamento afrodiaspórico moderno. É especialmente evidente em duas correntes de pensamento: o afropessimismo e o afrofuturismo. De fato, fora do continente, a escrita e a criação estética negras têm sido dominadas pelo motivo da busca pelas origens, pelos resquícios e pelo retorno. Como o resto do mundo constantemente lembrava aos negros que eles não estavam em casa, ou que não passavam de exilados da história, firmou-se a convicção de que a Terra não passava de uma enorme prisão, um gigantesco campo de cremação e incineração de vidas transformadas em lixo, no ponto de encontro entre o humano e o objeto.

De fato, no auge do pessimismo racial, a própria razão moderna transformou a África e o negro em sinais premonitórios do devir-crematório da humanidade.[9] Se o negro se viu arbitrariamente excluído da história da humanidade, foi porque seu ingresso nela implicaria automaticamente o fim dessa mesma história. Como um fóssil antigo e matéria-prima a ser extraída e incinerada para gerar força e energia, ele por outro lado fazia parte do destino geológico da Terra e, nesse aspecto, era indispensável à vida dos seres humanos, categoria à qual de modo algum deveria pertencer. Para se opor a essa narrativa, os negros, em contrapartida, engrandeceram a África, vendo-a não apenas como seu lar, mas também como sua cidadela, o único lugar em toda a superfície da Terra onde poderiam legitimamente aspirar,

9. Ver os dois números especiais, “Black Temporality in Times of Crisis”, *South Atlantic Quarterly*, v. 121, n. 1, 2022 e “2020: One Pandemic, Two Pandemics, Black Lives Matter”, *South Atlantic Quarterly*, v. 121, n. 3, 2022.

por fim, ao retorno à humanidade. Daí a importância, especialmente na literatura africana e afrodiaspórica, do tema do retorno a si mesmo e do retorno, tanto físico quanto simbólico, à África.

Outros, no entanto, enxergam-na como nada mais que uma vasta reserva fadada ao esgotamento. Em diversas variantes do afrofuturismo e do afropessimismo, ela representa o símbolo palpável de todos os corpos que são privados do fôlego, da carne e dos músculos exauridos, dos ossos que são esmagados, em um vasto programa de combustão quase que molecular, prévia à incineração. É o que explica o desejo de expatriação tão recorrente no afrofuturismo, a busca não por outras galáxias e outros planetas para conquistar e habitar, mas o desejo de restituir os vínculos com as forças elementares e elementos cósmicos, de se reconciliar com as forças do universo como um todo, aquelas capazes de abarcar a totalidade da vida e de transcender a morte.

Reconectar-se às forças do cosmos

Na realidade, a África nunca esteve fora do mundo e, apesar das dimensões mortíferas da sua história, sempre foi uma provedora do mundo vivo. Nesta fase crítica do futuro do planeta, ela se vê compelida a refazer do destino de tudo o que vive o objeto privilegiado de sua busca intelectual e de sua criação imaginária. Não é necessário que, como tantos outros, ela apreenda o vivente em termos de fim do mundo ou de perda do controle sobre eles em favor da tecnologia. Muito mais terá ela a ganhar ao pensar nele relacionado a potencialidades, ou seja, daquilo que, por definição, é *incalculável* e *inapropriável*. De todo modo, ela não tem escolha, precisa manter o futuro aberto, pois está em curso um grande deslocamento temporal. Ela precisa manter o futuro aberto a todos, mesmo que se revele que, no fim das contas, a humanidade está fadada a desaparecer, ou que o mundo está uma vez mais condenado a uma implacável batalha de todos contra todos. Essa fidelidade ao futuro seria então sua contribuição ao funeral da humanidade, que, por meio de sua morte, seria repatriada às suas origens cósmicas, não ao universal ou ao universalismo, mas ao *universo* do qual constitui só um entre tantos outros elementos.

No entanto, como se manter fiel ao futuro como promessa se ele está constantemente se esvaindo e se afastando? Começando pela profusão da vida, pelas vidas consideradas minúsculas, ameaçadas pelas forças da vulnerabilização, valorizando as inúmeras pequenas bifurcações que surgem por toda parte.[10] De modo geral, são respostas comumente muito frágeis às mudanças climáticas, à perda de biodiversidade, ao agravamento das desigualdades e às tensões políticas que continuam a fazer da guerra o sacramento da nossa era. É nessas pequenas bifurcações e nesses micromundos que se encontram as práticas mais significativas de desvulnerabilização. Nelas, fica evidente que o futuro não está predeterminado, que o destino da África e da Terra está em nossas mãos e que o futuro dependerá de nossa capacidade de interagir com esses mundos constantemente desfeitos e refeitos, em outras palavras, de restaurar os laços rompidos.

* * *

Este livro não foi escrito de uma vez só. Como o trabalho de um tecelão, foi composto ao longo de vários anos. Seus primeiros traços estão na conclusão de *Sair da grande noite*, em meio a três motivos centrais: o imperativo da declosão ou a "política da elevação em humanidade" ou ainda o "projeto de uma vida

10. Alondra Nelson, *Body and Soul. The Black Panther Party and the Fight Against Medical Discrimination*. Minneapolis: University of Minnesota Press, 2013.

humana plenária", o ato de "gerar comunidade" como parte de um "anseio vital" e o chamado à "invenção de um imaginário alternativo da vida, do poder e da cidade".[11]

As condições de possibilidade dessa "comunidade" convertida em "cidade" foram examinadas na *Crítica da razão negra*. Trata-se, já na origem, de uma "cidade" que ultrapassa as fronteiras da raça, do Estado e até mesmo das diásporas – nas dimensões do próprio mundo. "Pois, na verdade, existe um só mundo. Ele é um todo composto por mil partes. De todo o mundo. De todos os mundos." Em se tratando do mundo, contudo, é realmente do mundo vivo como um todo que estamos tratando – o mundo vivo como método, mas também como premissa. Pois, "se a humanidade inteira se delega ao mundo e dele recebe confirmação do seu próprio ser, assim como da sua fragilidade, então a diferença entre o mundo dos humanos e o mundo dos não humanos deixa de ser de ordem externa. Pois, afinal, é na relação que mantemos com o conjunto do vivente que se manifesta, em última instância, a verdade daquilo que somos".[12]

De modo igualmente precoce, *Sair da grande noite* também recorre às noções de *semelhante* e de *em-comum*.[13] A intenção,

11. Ver Achille Mbembe, *Sair da grande noite: ensaio sobre a África descolonizada*. [Ed. angolana: Trad. Narrativa Traçada. Pedagô e Mulemba: Mangualde e Luanda, 2014, capítulos 2 e 6 e também pp. 13-17 (Prólogo) e 191-194 (Epílogo); ed. bras.: Trad. Fábio Ribeiro. Vozes: Petrópolis, 2019, capítulos 2 e 6 e também pp. 9-10 (Prefácio) e 243-247 (Epílogo); *Sortir de la grande nuit. Essai sur l'Afrique décolonisée*. Paris: La Découverte, 2010, capítulo 2 e também pp. 242-243]. As traduções angolana (a) e brasileira (b) adotam, respectivamente: "abertura" (a) e declosão (b) para *déclosion;* "ascensão em humanidade" (a) e "escalada de humanidade" (b) para *montée em humanité;* ora "existir em comunidade" e ora "constituir comunidade" (a) e ora "fazer comunidade" e ora "criar a comunidade" (b) para *faire communauté;* ora "vontade de viver" e ora "vontade de vida" (a) e sempre "vontade de vida" (b) para *volonté de vie*. A partir da definição proposta por Jean-Luc Nancy, declosão "designa o levantamento de uma clausura, o descerramento de uma vedação" (a) e "designa a abertura de um cercado, a retirada de uma clausura" (b) [*Déconstruction du christianisme*, v. 1: La déclosion. Paris: Galilée, 2005, p. 16]. [N. T.]

12. Achille Mbembe, *Crítica da razão negra*. Trad. Sebastião Nascimento. São Paulo: n-1, 2018, pp. 310-311 [*Critique de la raison nègre*. Paris: La Découverte, 2013, p. 258].

13. Achille Mbembe, *Sair da grande noite*, op. cit., pp. 96 e seguintes (a), pp. 119 e seguintes (b) [pp. 117 e seguintes].

na época, era virar as costas aos debates sobre identidade, diferença e alteridade, que não apenas afetaram parte significativa da filosofia francesa após a Segunda Guerra Mundial, como também deixaram marcas indeléveis ao longo de toda a extensão do pensamento pós-colonial ou descolonial, solapando assim sua capacidade de pensar o Todo. Era necessário, pois, privilegiar outras perspectivas. Era necessário recordar todas as perdas, todas as dívidas e todas as derrotas. Era necessário resgatar, sem concessões, a obrigação de reparação, restituição e justiça.[14]

A convicção era que "o pensamento acerca do que há de vir é necessariamente um pensamento da vida, da reserva de vida, do que terá de escapar ao sacrifício".[15] A contrapelo das filosofias da identidade, da diferença e da alteridade, a intenção era enfatizar que o ser-em-comum emana fundamentalmente do compartilhamento. Sendo assim, *o que há de vir* estará calcado não apenas numa ética do encontro e, em especial, do passante, mas também no compartilhamento das singularidades e no fato de aprendermos a viver, daqui em diante, expostos uns aos outros. O que há de vir será construído com base em uma clara distinção entre o "universal" e o "em-comum", sendo que "o universal implica uma relação de inclusão em qualquer coisa ou qualquer entidade previamente constituídas" e o em-comum pressupõe "uma relação de cofiliação entre múltiplas singularidades".[16]

Na conclusão da *Crítica da razão negra* foram lançadas as bases da reflexão sobre o com, a comunidade enquanto tal. A questão da comunidade universal, como foi dito, "se apresenta, pois, por definição, em termos de habitação do aberto, do cuidado prestado

14. Ver especialmente o último capítulo e a conclusão de Achille Mbembe, *Brutalismo*, op. cit.
15. Achille Mbembe, *Crítica da razão negra*, op. cit., pp. 310-311 [pp. 257-258].
16. Achille Mbembe, *Sair da grande noite*, op. cit., pp. 97-8 (a), pp. 120-122 (b) [p. 119].

ao aberto – o que é inteiramente distinto de uma atitude que busque, em primeira linha, enclausurar, manter-se encerrado naquilo que nos é, por assim dizer, aparentado".[17]

Mas se até então essa era primordialmente uma questão de "mundo" e de "relação global", foi em *Políticas da inimizade* que surgiu propriamente o tema da "Terra" não apenas como "algo que nos é comum, nossa condição comum", mas também como uma "era", a "era da Terra".[18] É significativo que o surgimento dessa era esteja associado ao duplo motivo da linguagem e da escrita: "Na era da Terra, precisaremos realmente de uma linguagem que incessantemente penetre, perfure e escave como uma broca, capaz de se fazer projétil, uma espécie de sólido absoluto, de vontade que incessantemente perscruta o real. Sua função não será apenas explodir barreiras, mas também salvar a vida diante do desastre que está à espreita. Cada fragmento dessa linguagem terrestre estará enraizado nos paradoxos do corpo, da carne, da pele e dos nervos. Para escapar à ameaça de fixação, de confinamento, de estrangulamento e de dissociação e mutilação, a linguagem e a escrita terão que se projetar constantemente para o infinito exterior e lutar para afrouxar o cerco que ameaça sufocar a pessoa subjugada e seu corpo de músculos, pulmões, coração, pescoço, fígado e baço, o corpo aviltado, formado por múltiplas incisões, corpo divisível, dividido, em luta contra si mesmo, formado por vários corpos que se chocam dentro de um mesmo corpo – de um lado, o corpo do ódio, um fardo abominável, um falso corpo de abjeção sobrecarregado de indignidade, e, de outro, o corpo original, mas arrebatado por outrem, depois desfigurado e abominado, e que é preciso literalmente ressuscitar, num ato de verdadeira gênese."[19]

17. Achille Mbembe, *Crítica da razão negra*, op. cit., p. 315 [p. 262].
18. Achille Mbembe, *Políticas da inimizade*, op. cit., p. 211 [p. 178].
19. Ibid., pp. 211-212 [pp. 178-179].

A comunidade terrestre retoma, quase que tijolo por tijolo, uma série de intuições fundamentais e outros delineamentos que, nas obras anteriores, só figuravam sob a forma de esboço. Reitera-os, desenvolve-os, amplia-os e, acima de tudo, coloca-os em ressonância com novos fragmentos, novos comentários, observações e anotações metodicamente acumuladas ao longo de inúmeros encontros, reuniões de escuta e de diálogo, de releituras e de meditações. As mais importantes delas ocorreram como parte dos Ateliers de la pensée em Dakar e do seminário anual que promovo na European Graduate School.

Como todos os meus livros anteriores, este retoma, por vezes literalmente, intuições e fragmentos de pensamentos iniciados de forma pontual, em textos destinados a um público amplo. Esses fragmentos são ampliados, ou mesmo "incrementados", no quadro de argumentos geralmente transversais, sustentados por um denso aparato crítico e uma profusão formidável de notas e referências. São essas, ao menos é o que se espera, as condições de possibilidade de um pensamento genuinamente aberto, em constante elaboração, sempre em vias de refletir sobre si mesmo.

INTRODUÇÃO

As reflexões a seguir versam, de maneira geral, sobre a Terra, seu futuro e, sobretudo, sobre o tipo de comunidade ou coletivo que ela forma com a legião de espécies animadas e inanimadas que a habitam, que nela encontraram refúgio ou morada.

A história da Terra está inserida na história mais ampla do Universo e de sua expansão. Ao mesmo tempo, ela é inseparável da história do mundo vivo, a começar pelo Sol e pelo Sistema que lhe deve o nome, assim como a nuvem molecular, o disco gasoso (de hidrogênio e hélio) e a poeira de óxidos metálicos, de silicatos, de carbono e de gelo que foram seus componentes primordiais. Também está estreitamente atrelada à história dos oceanos e das bactérias.

Se é verdade que, ao usar a energia da irradiação solar para sintetizar moléculas orgânicas, as plantas fornecem alimento para os animais, é igualmente verdade que as profundezas do oceano, aonde a luz do sol nunca chega, também abrigam oásis de vida. Como aponta Michel Rouzé, "esses oásis contêm bactérias capazes de sintetizar matéria orgânica a partir dos minerais que emanam das fontes hidrotermais". Ao servirem de alimento para outros organismos, as bactérias propiciam "o início de uma cadeia alimentar que culmina nos vertebrados, passando por moluscos e outros invertebrados".[1] Além da energia solar, imprescindível à vida na Terra, é preciso acrescentar a energia calórica, que, baseada em grande parte na função nutritiva das bactérias, faz da história da Terra *uma história de biossimbiose*.

1. Michel Rouzé, "La vie sans soleil", *Raison présente*, n. 81, 1987, pp. 134-135.

Essa história é dividida em éons, eras, períodos, épocas e idades. Vai do tempo infernal das origens ao da criação da crosta continental; da estruturação das placas tectônicas à oxidação das camadas externas, incluindo os oceanos e a atmosfera; das glaciações globais e do surgimento das primeiras grandes faunas e de suas respectivas comunidades de animais macroscópicos às manifestações fundamentais da vida.[2]

Como resultado de um processo de acreção, o corpo do planeta é movido por uma energia acumulada sob a forma de núcleos atômicos radioativos e dissipada sob a forma de calor. Entidade esférica, esse mesmo corpo é composto por um *núcleo* de liga ferrosa, um *manto* formado por átomos mais ou menos pesados, uma *crosta*, uma *atmosfera* e um *campo magnético*. Mas dizer que a Terra tem uma história e que essa história está profundamente ligada à história da vida também implica dizer que ela terá um fim. Assim como seus nascimentos, suas mortes ocorrerão na escala das eras geológicas. É por isso que, assim como seus nascimentos, cada uma de suas mortes se reveste de um caráter cósmico. E um dia, depois de consumir todo o hidrogênio de seu núcleo, o Sol haverá de se extinguir.

Essa extinção será precedida pela intensificação de sua luminosidade, acompanhada por temperaturas cada vez mais insuportáveis. A produção de oxigênio não será mais possível. Os processos de oxidação da Terra esgotarão suas reservas de O_2 e a aceleração do efeito estufa transformará completamente a superfície do planeta. Ela começará a derreter. O envelhecimento do Sol acarretará o retorno a uma Terra puramente mineral. Liquefeita, ela deixará de ser uma fornalha para se tornar extremamente fria. Será então que a noite da Terra envolverá para todo o sempre toda a criação.

2. Ver Michel Joye, *Terre. L'histoire de notre planète, de sa naissance à sa disparition*. Lausanne: Presses polytechniques et universitaires romandes, 2022 [2018].

Até lá, porém, ao falar da Terra, é imperioso ter em mente uma cadeia simbiótica – aliás, ao falar de todo o mundo vivo e de suas incontáveis manifestações. Todos somos parte indissociável desse conjunto: humanos, espécies animais, vegetais e minerais, micróbios, ventos, tornados e furacões, bactérias e vírus, bem como mares e oceanos, céus, clima, dispositivos tecnológicos e outros aparatos artificiais e externos. E o que dizer dos solos e das geleiras, dos sedimentos rochosos depositados pelos rios, das encostas estriadas, da argila, da pedra e das estátuas?[3]

A festa da semeadura

É também o caso, pelo menos na metafísica animista dos antigos africanos, de todas as forças invisíveis e obscuras, de todos os gênios, dos ancestrais e seus sucedâneos, assim como dos espíritos e máscaras, das fibras vermelhas, das roupas e adornos, das cintas de búzios, das cabaças de cabos longos e cestas de gergelim, das danças e cerimônias, dos funerais e festejos, da infindável exuberância das coisas vivas.[4]

Não são todas da mesma espécie e, a rigor, são entidades completamente diversas. Mas são, cada uma à sua maneira, *esboços da vida*. Elas trocam entre si todos os tipos de fluxos e energias. Algumas são capazes de se ampliar e de se modificar reciprocamente. Outras competem entre si. Porém, de modo geral, todas estão

3. Thomas Halliday, *Les Mondes d'hier. Voyage aux origines de la Terre*. Paris: Grasset, 2022.
4. Ao longo deste ensaio, o termo "metafísicas animistas" será usado para se referir aos pensamentos e cosmologias indígenas, bem como aos simbolismos e às práticas autóctones. Historicamente, essas imagens ou padrões de pensamento deram expressão a uma profunda diversidade interna e estiveram sujeitos a constantes mudanças. Graças ao trabalho de antropólogos e historiadores, passaram em alguns momentos por uma notável estruturação. As representações que foram assim isoladas no discurso científico não devem, no entanto, ser reificadas. Referimo-nos a elas aqui como campos flexíveis e dinâmicos.

sujeitas a mutações, e a sobrevivência de qualquer delas depende da sobrevivência de todas as outras. Formam uma trama, ou melhor, uma comunidade: a comunidade dos habitantes da Terra.

Em um romance escrito em 1952 com o título *O bebedor de vinho de palmeira*, Amos Tutuola pinta um quadro vívido dessas metafísicas, desses modos diferentes de pensar, de pensar algo diferente, de pensar diferente de nós, que muitos, mesmo recentemente, erroneamente julgavam estar vinculados a "sociedades inferiores". A primeira coisa que ali se apreende é que não há nenhuma parede estanque entre as formas vivas, regidas que são pela circulação constante de fluxos e energias. Para se adaptarem constantemente às condições mutáveis de seu ambiente, elas recorrem a transferências, trocas e recombinações de tipos os mais diversos de materiais e acessórios. Os humanos tomam emprestado às plantas, que, por sua vez, assumem a forma de animais, que tampouco hesitam em ostentar as máscaras dos ancestrais, contra o pano de fundo de variações infinitas, ao longo de linhas que muitas vezes se mostram radicalmente divergentes umas em relação às outras.

O que ali também se apreende é que não existe nenhum regente supremo da vida na Terra. Como a própria Terra, a vida é um vasto mosaico. Cada forma de vida é uma força em si mesma, que contém e abriga facetas, ou mesmo resquícios, de outras formas de vida, em consonância com o princípio da imbricação e do compartilhamento permanente. Cada ente, incluindo os humanos, é mais do que apenas um *sujeito composto*, o somatório relativo de múltiplas combinações ocorridas em determinado momento. Por ser o produto de distintas recombinações, mutações e transferências, cada ser vivo está também, e por definição, constantemente aberto à incompletude e ao inexplorado.

A divisão entre o mundo dos seres humanos e o mundo das coisas é relativa. Se a pessoa humana não consegue falar em nome da coisa, esta, do mesmo modo, é incapaz de falar em nome do ser humano. Sob um olhar mais detido, montanhas, rios, animais e plantas são *pessoas naturais*, todos eles distintos das *pessoas humanas*. Não precisam ser protegidos por figuras tutelares. De fato, são os humanos que precisam de guardiães e representantes. É o caso dos ancestrais. São eles que dependem de intermediação. E esses intercessores costumam ser invocados de fora da espécie. A pessoa humana é, por sua vez, uma entidade fundamentalmente porosa. Vai e vem, nasce, cresce e morre. Está inerentemente em trânsito. Já outras entidades se mantêm estáveis e perduram.

Significativo quanto a isso é a forma como os seres vivos produzem acontecimentos. Reconhecer o acontecimento e saber lê-lo e decifrá-lo implica, ao menos parcialmente, estabelecer distinções entre o que é possível, o que é provável e o que é plausível. É como opera, por exemplo, a adivinhação.[5] Graças às técnicas divinatórias, é possível desvendar o futuro e interagir com os espíritos dos mortos. São utilizados os mais variados métodos para transmitir um oráculo. O adivinho, por exemplo, insere cascalhos miúdos em um chifre de antílope, aos quais acrescenta um fragmento ressecado de cadáver humano, além de lascas de casca de árvore seca, e esconde tudo em uma encruzilhada. Pode usar também certas variedades de cebola. São especialmente adequadas as que dão flores. Nesse caso, ele mastiga alguns grãos de milho e espalha no chão o mingau assim obtido, pegando em seguida uma vareta de ráfia e um espinho de ouriço, que marca com vários sinais. Cobre tudo com uma cesta revirada, sob a qual aprisiona algumas cigarras. O adivinho repete a pergunta que lhe foi feita e volta para casa. Durante a noite, os insetos revolverão a vareta e o espinho. Pela manhã, caberá ao adivinho interpretar a posição da vareta e do espinho conforme apontem ou não para o chão.[6]

5. William R. Bascon, *Ifa Divination. Communication Between Gods and Men in West Africa*. Bloomington: Indiana University Press, 1991.

6. Pierre Cournarie, "Notes sommaires sur les pratiques divinatoires des populations

Os adivinhos são os-que-enxergam-à-noite.[7] Decifrando presságios, são também peritos do desenho, da disposição de varetas e da leitura. Colocadas em frente à toca da aranha, cada vareta possui uma marcação específica e um nome. No "paradigma da aranha", existem nada menos que oito varetas com nomes tão variados quanto o "caminho", o "tambor de chamada", o "dorso", o "facão", o "pilar sagrado", a "cobra" e a "cabeça de gente". Ao sair da toca, a aranha fatalmente remexe as varetas. Se forem encontradas com a face para baixo, o presságio é favorável.[8]

No Universo descrito por Tutuola, tudo o que *é motivo de espanto* é verdadeiro. A verdade se manifesta por signos. Não existe, de antemão, uma universalidade dos signos. Eles geralmente variam. Pode ser que o signo empregado em uma região não seja adotado em outra, ou que ali seja interpretado de maneira diversa. Todo signo abrange um interior e um entorno. O valor dos signos também é variável.[9] De modo geral, a arte divinatória também está associada ao simbolismo dos números, que guarda, por sua vez, estreita relação com a realidade oculta, como no exemplo da ideia de "contagem secreta" presente nos mitos bambaras. Composta por um conjunto inicial de oito signos, essa contagem reproduz os sete números primordiais inscritos no espaço no momento da formação do Universo. Como expressão aritmológica do conjunto da criação, os números são representados, na maioria dos casos, por traços verticais, que podem ser dispostos em círculo

de la circonscription de Yaoundé", *Journal de la Société des Africanistes*, v. 6, fasc. 1, 1936, p. 37. Outras técnicas divinatórias envolvem uma pedra, um pangolim, uma planta, uma azagaia, a toca de uma aranha ou uma panela de barro.

7. Mary Nooter Roberts, "The Inner Eye. Vision and Transcendence in African Arts", *African Arts*, v. 50, n. 1, 2017, pp. 60-79.

8. Ver Gaspard Towo-Atangana e Francoise Towo-Atangana, "Nden-Bobo, l'Araignée--Toilière. Conte Beti, en dialecte Eton du Sud-Cameroun", *Africa*, v. 36, n. 1, 1966, pp. 37-61.

9. Dominique Zahan, "Pictographic Writing in the Western Sudan", *Man*, v. 50, n. 218-219, 1950, pp. 136-138; Piers Kelly, "The Invention, Transmission and Evolution of Writing. Insights From the New Scripts of West Africa" *in*: Silvia Ferrara e Miguel Valério (orgs.), *Paths into Script Formation in the Ancient Mediterranean*. Roma: Quasar, 2018, pp. 189 e seguintes.

ou riscados horizontalmente.[10] Os signos numéricos podem ser desenhados por ocasião de uma ampla variedade de acontecimentos, desde o nascimento de gêmeos até o desabamento de um celeiro. Em certos casos, é comum jurar pelos números.

No entanto, aquilo que é só se torna real, ou seja, animado e produtor de efeitos, quando é *relacionado* a outros existentes. Esse tornar-se real é constante. Ele nunca assume as mesmas formas e quase nunca culmina num encerramento definitivo. Em outras palavras, nada nunca é criado de uma vez por todas e tudo pode ser revisto. Eventos imprevistos acontecem. Outros, que deveriam ocorrer, não acontecem, ou então acontecem quando menos se espera. No fundo, não há nada que impeça formalmente a realização do que quer que seja. Por outro lado, tampouco há algo que seja garantido ou estável.[11] Tudo pode mudar a qualquer momento. Não existe nenhuma impossibilidade absoluta. A gama de possibilidades é quase infinita. Para os atores envolvidos no drama da existência, só o que conta é a capacidade de, chegada a deixa, tornar-se algo distinto do que se era.

Pessoas humanas, objetos, entidades visíveis e invisíveis, nada é passivo. Nada é uma repetição permanente do mesmo. Tudo é radicalmente aproximativo. Nenhuma entidade, nenhum sujeito tomado isoladamente tem pleno controle sobre sua liberdade e seu destino, menos ainda no que se refere aos outros. Tudo se negocia. Por definição, o tempo não tem começo nem fim. Tem uma extensão ilimitada, inesgotável, mas também ele é feito de segmentos, de diferentes ramificações. O mundo vivo é uma arborescência. Fruto de passados imbricados e indissociáveis e conjugado cm múltiplos presentes, ele compreende uma profusão de futuros possíveis. Não é uma mera trama de incertezas. A aleatoriedade

10. Isso se aplica sobretudo aos bambaras e dogons. Ver Solange de Ganay, "Graphies bambara des nombres", *Journal de la Société des Africanistes*, v. 20, fasc. 2, 1950, pp. 295-305.
11. Sara S. Berry, *No Condition is Permanent. The Social Dynamics of Agrarian Change in Sub-Saharan Africa*. Madison: The University of Wisconsin Press, 1993.

integra o seu germe, o seu "zigoto". Como um jogo de dados, está sempre exposto à desintegração. Como cada risco está sempre prestes a se tornar um risco de vida, o sujeito vivo é aquele que conseguiu enganar a morte, mudando de identidade sempre que necessário. Sujeito a mutações incessantes e capaz de mudar de estado ou de condição, sobretudo no momento crucial.

Sem relação entre si, cada um dos coletivos, cada uma das entidades e cada um dos objetos que compõem o mundo vivo são perecíveis, putrescíveis, sujeitos à interrupção da vida, e cada um desses acontecimentos é furtivo e efêmero. Juntos, enxertados uns nos outros, todos esses esboços são capazes de multiplicar suas forças e de se transformar em composições dinâmicas. Com a vida redobrada e a força multiplicada, convertem-se em algo como uma série de espelhos da Terra e evidenciam sua viabilidade duradoura. Por serem abertos um para o outro, feitos um para o outro, conferem à Terra as propriedades de um vibratório, esse cenário que é ao mesmo tempo solar, noturno e lunar, esse *aglutinante* que torna possível a passagem de uma forma a outra, essa metamorfose.[12]

Em consonância com essas metafísicas, a Terra é dotada de propriedades vibratórias, corpóreas, sensoriais e carnais. São propriedades preexistentes às dos seres humanos. O corpo e a carne da Terra são as contrapartidas do corpo e da carne da miríade de seres que a compõem ou que ela abriga, seus habitantes. Como todo corpo, o da Terra é líquido e mineral, fungível e perecível. Também está sujeito a incisões. Em contato permanente com os elementos da morte, está exposto aos riscos de decomposição, tal como o defunto por baixo de sua rubra mortalha.

12. Para o exposto acima e para o que se segue, adotamos como referência o caso dos dogons do Mali. Ver respectivamente os trabalhos de Marcel Griaule, *Dieu d'Eau, entretiens avec Ogotemmêli*. Paris: Éditions du Chêne, 1948; Marcel Griaule, *Masques dogons*. Paris: Institut d'Ethnologie, 1938; Denis Paulme, *Organisation sociale des Dogon (Soudan français)*. Paris: F. Loviton, 1940; Geneviève Calame-Griaule, *Ethnologie et Langage. La parole chez les Dogon*. Paris: Gallimard, 1965; Germaine Dieterlen, *Les Âmes des Dogons*. Paris: Institut d'Ethnologie, 1941.

A Terra só conseguirá alcançar a duração ilimitada se for capaz de ser fecundada e regenerada. Fecundidade e regeneração essas que, por sua vez, só se viabilizam quando reservas são constituídas. Sem essa capacidade de criação e recriação periódicas, ela será apenas a máscara sombria de uma imensa câmara mortuária. É por isso que, entre os africanos de outrora, o questionamento acerca dos futuros da Terra ou dos destinos da tecnologia muitas vezes assumia a forma de uma longa meditação sobre o tema da semente, da semeadura e da germinação.[13]

Pois se há de fato um enigma que a maioria dos mitos e conhecimentos ancestrais buscou desvendar, é o de saber como passar de um mundo a outro, de uma forma a outra, e, ao fazê-lo, restituir a vida àquilo que está sujeito à morte. É essa, aliás, a função atribuída às técnicas e demais objetos, a começar pelas máscaras, a mais importante forma de homenagear os mortos, sendo efetivamente a primeira delas. É essa também a função do material litúrgico, quer seja o cajado, o altar sobre o qual são colocados os recém-nascidos para a imposição do nome, o pedestal sobre o qual repousam as estatuetas de madeira do santuário, a tartaruga que representa o antepassado, ou ainda a cobra que vem à noite lamber e purificar o sacerdote.[14]

As técnicas são *utensílios vitais*. Sua função, e também a dos objetos, é ampliar seu potencial energético e, ao fazê-lo, ajudar os seres humanos a se completar, a multiplicar as próprias forças e a preencher a lacuna entre sua própria *reparação* e a reparação do mundo. Acredita-se que, graças às técnicas e aos objetos, é possível desvendar os mistérios da linguagem secreta e o segredo da morte, bem como franquear a gama de metamorfoses que precede a festa da semeadura.[15]

13. Dominique Zahan, *La Viande et la Graine. Mythologie dogon*. Paris: Présence Africaine, 1969.
14. Ibid., p. 124.
15. Ver Michel Leiris, *La Langue secrète des Dogons de Sanga*. Paris: Institut d'Ethnologie, 1948.

Forças do devir

De todas as transformações brutais que afetam os seres vivos nesta era da Terra, três em especial merecem ser examinadas a partir da dialética animista da semeadura, da semente e da germinação. Resultante da – contínua – combustão do mundo, a primeira delas diz respeito à eventual saída do nicho climático em que humanos e não humanos têm prosperado ao longo dos últimos seis mil anos.[16] De fato, embora nem todas as regiões do planeta sejam afetadas da mesma maneira e no mesmo grau, o superaquecimento em todos os lugares é real.

Já se tornaram incontáveis os casos de acidificação do solo e de redução no nível dos lençóis freáticos. Os recursos de águas profundas vêm diminuindo constantemente, ameaçando a produtividade das lavouras mesmo em regiões do mundo que, até o momento, pareciam ter sido poupadas. Em praticamente todo o mundo o abastecimento das áreas urbanas requer cada vez mais água, enquanto os períodos de seca se tornam cada vez mais longos. Ao mesmo tempo, em muitas regiões do mundo, há uma redução nos níveis de umidade do solo, que variam conforme o tipo de cobertura (em função de contar com uma capa humífera, com elevada capacidade de retenção, ou de ter uma composição arenosa ou de outro perfil).

As inundações fluviais se tornaram um fenômeno recorrente, acarretando uma migração em larga escala de sedimentos, deslizamentos de terra e flutuações nos níveis dos lençóis freáticos. Desse ponto de vista, o desmatamento é um dos principais fatores responsáveis pela propagação das enchentes. A degradação da terra, por sua vez, tem como consequência o acirramento da disputa e das lutas por acesso e controle dos recursos naturais,

16. Ver Chi Xu, Timothy A. Kohler, Timothy M. Lenton, Jens-Christian Svenning e Marten Scheffer, "Future of the Human Climate Niche", *Proceedings of the National Academy of Sciences of the United States of America*, 26 maio 2020.

além de contribuir para a destruição de ecossistemas específicos que, até então, garantiam a vitalidade dos *habitat* de determinadas espécies biológicas. Em muitos países da bacia do Congo, por exemplo, a queda na cobertura vegetal vem se intensificando continuamente desde o início do século XX.

A cada ano, vastas extensões de floresta densa são transformadas em floresta aberta. As savanas arborizadas estão se tornando savanas arbustivas. A perda da fertilidade do solo levou a reduções equivalentes nos rendimentos e na produtividade das terras. O resultado foi a diminuição da riqueza biológica original dos terrenos, de sua capacidade de regeneração e do potencial natural dos solos. Ora, mas quando se fala de solos, também se trata das águas, dos peixes, das plantas, da vida selvagem, dos recursos energéticos, dos animais e de tantas outras espécies.

As condições meteorológicas extremas estão se tornando cada vez menos uma ocorrência rara ou incomum. Tempestades, ciclones e furacões vêm devastando sazonalmente territórios inteiros, causando incontáveis perdas de moradias e espaços ocupados, incluindo áreas florestais. É o que acontece em muitas partes dos Estados Unidos e em muitas regiões da zona intertropical. A essas máquinas naturais de destruição somam-se os ventos e sua dinâmica, que têm entre suas funções colocar o ar em movimento, movendo com maior ou menor velocidade os gases que compõem a atmosfera e as partículas nela suspensas. Como explica Pierre-Philippe Kastendeuch, a energia envolvida nesses fenômenos é colossal. Ele ressalta que um ciclone "pode deslocar de 200 a 300 quilotoneladas [de gás] por segundo", enquanto a bomba de Hiroshima deslocou apenas vinte toneladas.[17]

Em outro plano, a utopia do crescimento sem limites em um planeta cada vez mais reduzido já se esgotou. Estudos sucessivos

17. Pierre-Philippe Kastendeuch, "La mesure du vent: conventions, instruments et données", *Revue géographique de l'Est*, v. 40, n. 3, 2000.

mostram que, se nada for feito, inevitavelmente nos depararemos com limites letais – bloqueio da troca de calor, deformação de proteínas, destruição de células musculares, deficiência de circulação sanguínea. Não serão apenas os mecanismos de resfriamento do corpo humano que estarão em risco.[18] O próprio corpo da Terra e seus órgãos vitais sofrerão um colapso em cadeia.

A terceira transformação diz respeito ao mundo no qual já ingressamos. Ele será predominantemente dominado pela razão computacional. Dispositivos gigantescos de computação corresponderão, no século XXI, àquilo que a combinação do aço e do concreto representou nos séculos XIX e XX.[19] Em outras palavras, a tecnologia será, mais do que nunca, uma das *forças fundamentais* do nosso mundo, conferindo-lhe uma aparência de unidade, mas também arrastando-o para um processo de desintegração e de difração. Como tal, deixará uma marca profunda em seu futuro. Mais ainda, ela será o nosso ambiente, o território em que nos movemos, nosso *biótopo*.

Por intermédio dela, surgirão novos territórios imaginários e novas línguas, será organizada a coexistência entre os seres vivos, surgirão outras formas de fazer ou desfazer o mundo e de exercer a soberania.[20] Além dos dispositivos computacionais propriamente ditos, haverá incontáveis mega e nanoestruturas, quer sejam linhas de transmissão de alta-tensão, infraestruturas energéticas ou uma infinidade de satélites posicionados em órbita e os mais variados tipos de antenas de retransmissão.

Tudo gravitará, portanto, em torno da tecnologia, o outro nome do capital. Se ela, no entanto, porventura se fechasse em si

18. Ver Colin Raymond, Tom Matthews e Radley M. Horton, "The Emergence of Heat and Humidity Too Severe for Human Tolerance", *Science Advances*, v. 6, n. 19, 8 maio 2020.
19. Ver Aldo Poste, "Le retour à la terre des bétonneurs", *Terrestres*, 2 nov. 2020. Disponível em: *terrestres.org*.
20. Ver Benjamin H. Bratton, *The Stack: On Software and Sovereignty*. Cambridge, Massachusetts: MIT Press, 2016.

mesma, deixaria de ser a promessa de vida e de restauração da espécie humana que ambiciona ser. Por ora, ela continua a alimentar a sensação de uma aceleração prodigiosa das velocidades, de uma expansão exponencial do tempo, de uma dilatação do espaço, até mesmo do cosmos, e de uma irradiação quase ilimitada dos fluxos de energia necessários à existência terrena, sendo o novo campo magnético de toda a existência sobre a Terra.

Na origem, os fluxos de energia necessários à vida na Terra vinham diretamente do Sol. Desde muito cedo, as comunidades humanas aprenderam que, se exercessem pressão suficiente sobre o meio ambiente natural, poderiam extrair recursos da natureza e se apropriar de parte da produção primária do planeta. Gradualmente, trocaram a caça pelo gado, a coleta pelas lavouras e a extração de madeira da floresta pela silvicultura. Foi assim que intensificaram a produção controlada de biomassa e, por fim, passaram de uma agricultura de subsistência para sistemas agrícolas modernos e direcionados para os ganhos de produtividade, e depois à pecuária do encarceramento industrial.[21]

Ademais, desde o domínio do fogo, a humanidade vem recorrendo a outras fontes de energia, cada vez mais pujantes e intensivas. Foi assim que ocorreram os principais saltos de uma civilização a outra, até a civilização nuclear. É claro que, em muitas partes do mundo, comunidades inteiras continuam a queimar madeira no afã de converter energia em alimento.[22] Em outros lugares, animais domesticados e populações humanas seguem produzindo energia com seus músculos, com o Sol acrescentando o resto.

21. Para um estudo de caso, ver Alex Blanchette, *Porkopolis. American Animality, Standardized Life, and the Factory Farm*. Durham: Duke University Press, 2020.

22. Jolien Schure, Verina J. Ingram, Maam Suwadu Sakho-Jimbira, Patrice Levang e K. Freerk Wiersum, "Formalisation of Charcoal Value Chains and Livelihood Outcomes in Central- and West Africa", *Energy for Sustainable Development*, v. 17, n. 2, 2013, pp. 95-105.

Poderes mutantes

Em grande medida, porém, e considerando que a reprodução da vida tende a se tornar o domínio das máquinas, a dependência dos combustíveis fósseis acumulados ao longo de milhões de anos no solo se tornou a norma. Foi isto em parte o que, pouco a pouco, tornou possível a exploração da fissão nuclear para fins armamentistas. O ingresso da humanidade na *condição nuclear* não é, no entanto, algo gratuito.[23] Vem ao custo da possibilidade de contaminação radioativa, que, de resto, preserva e amplia seus efeitos sobre o planeta para além das fronteiras nacionais.[24]

E a aceleração dos incêndios ou a multiplicação de alertas de vírus e outras catástrofes sanitárias? Povoado por processadores, câmeras e objetos conectados às mais diversas superfícies, incluindo as superfícies corporais, o mundo em que já entramos incuba e alimenta um regime existencial no qual sistemas automatizados coletam e processam inúmeros dados relacionados a cada um dos nossos atos, desejos e comportamentos. Na experiência diária de milhões de seres humanos, os objetos conectados (dos quais já se estima haver em 2025 cerca de duzentos bilhões sobre a face da Terra) e outros dispositivos de computação não são apenas destinados à vigilância e à captura, mas servem para analisar e visualizar os dados, muitas vezes em tempo real. Atuam principalmente na vida cotidiana, em âmbitos como a saúde (no monitoramento de doenças crônicas), o bem-estar, o

23. Ver "Radioactive Heaven and Earth. The Health and Environmental Effects of Nuclear Weapons Testing In, On, and Above the Earth", *A Report of the IPPNW International Commission to Investigate the Health and Environmental Effects of Nuclear Weapons Production and the Institute for Energy and Environmental Research*. Nova York: Apex Press, 1991. Ver também Robert A. Jacobs, "Nuclear Conquistadors. Military Colonialism in Nuclear Test Site Selection during the Cold War", *Asian Journal of Peacebuilding*, v. 1, n. 2, 2013, pp. 157-177.
24. Sabu Kohso, *Radiations et Révolution. Capitalisme apocalyptique et luttes pour la vie au Japon*. Paris: Divergences, 2020.

esporte, o espaço habitacional, as infraestruturas comunitárias, os edifícios, as redes de energia, os medidores inteligentes (água, gás, eletricidade) e o transporte.[25]

Por meio da automação e do monitoramento, da geolocalização e do rastreamento, novos ecossistemas dinâmicos e interativos têm sido criados. Ao intensificar nosso relacionamento com os objetos e as relações reflexivas conosco mesmos, esses ecossistemas contribuem para o velho projeto de matematização da realidade que está no cerne da ciência moderna.[26] Eles prefiguram o advento de uma nova forma de poder, o *poder mutante*.

Invisibilidade e, não raro, indetectabilidade são suas propriedades. É um poder fundamentalmente baseado na predação de seres vivos e que exibe "a natureza" como um de seus contornos. Entre os séculos XV e XIX, essa predação ocorreu sob a égide da exploração e da lucratividade tanto dos corpos humanos quanto dos ambientes físicos e naturais.[27] Isso ocorreu principalmente na época do tráfico escravagista. Pela violência, mas também por meio da apropriação legalizada no seio de uma estrutura jurídica semelhante à lei da guerra e da conquista, o tráfico atlântico buscou racionalizar e padronizar a relação com o corpo negro, tido como uma mercadoria, ou melhor, como um recurso natural cujo rendimento podia ser maximizado.

Como o corpo da Terra, esse recurso-corpo estava sujeito à avaliação monetária e à apropriação física, que também era jurídica e regulamentar. Seu objetivo era transformar o negro num objeto

25. Ver Ridha El Ghoul e Khaled Jelassi, "Le compteur intelligent. Vecteur de transformation pour la maîtrise d'énergie", *Internet des objets*, v. 3, n. 1, 2019; Maria del Río Carral *et al.*, "Les objets connectés et applications de santé: étude exploratoire des perceptions, usages (ou non) et contextes d'usage", *Pratiques psychologiques*, v. 25, n. 1, 2019, pp. 1-16; Élisabeth Peyroux e Olivier Ninot, "De la 'smart city' au numérique généralisé. La géographie urbaine au défi du tournant numérique", *L'Information géographique*, v. 83, n. 2, 2019, pp. 40-57.

26. Dominique Boullier, *Sociologie du numérique*. Paris: Armand Colin, 2016; Armen Khatchatourov, Olaf Avenati, Pierre-Antoine Chardel e Isabelle Queval (orgs.), *Corps connectés, figures, fragments, discours, Presses des Mines*. Paris: Presses des Mines, 2016.

27. Achille Mbembe, *Crítica da razão negra*, op. cit.

adequado à exploração mercantil. Dessc ponto de vista, o sistema das plantações prefigurava o sistema dos *cercamentos* descrito por Marx.[28] Assim como a terra no século XIX, a pessoa escravizada nas plantações tinha o *status* de uma propriedade privada que o senhor tinha o direito de usar (*usus*). Podia fruir do produto de seu trabalho (*fructus*). E tinha o direito de aliená-la (*abusus*).

Atualmente, a predação é praticada tanto sobre os corpos humanos quanto sobre a totalidade dos seres vivos, e nem os recursos imateriais escapam. Boa parte dessa rapina é praticada por meio da "propriedade intelectual", ou seja, a classificação e a padronização de novos objetos destinados a entrar na esfera das trocas comerciais. É o caso, por exemplo, de sequências genéticas, variedades de plantas, raças de animais, processos naturais e compilações de amostras biológicas. Na realidade, quase tudo – genes e processos biológicos, animais e plantas, a biodiversidade como um todo, tanto a matéria quanto a vida – pode ser reclassificado como um ativo tangível ou intangível, em suma, como "moeda" no sentido mais amplo do termo.[29] No contexto da financeirização do mundo, tudo precisa ser quantificado e mensurado. Graças a uma série de métricas, acredita-se que seja possível tornar fungíveis todos os processos vivos. Mas só podemos realmente padronizar as medições das diferentes manifestações da vida na Terra à custa de uma considerável abstração. Isso é particularmente verdadeiro quando se trata de reduzir processos metabólicos a informações genéticas, ou florestas a depósitos de carbono ou estoques de espécies.[30]

Além dessa portentosa capacidade de abstração, o poder mutante tem uma dimensão radioativa e parasitária, movendo-se por

28. Karl Marx, *Le Capital*. Paris: Éditions Sociales, 1977 [Trad. Joseph Roy (inteiramente revisada pelo autor), 1872]. Livro 1, tomo III, seção VIII.

29. Ver Hélène Tordjman, "Dématérialiser la nature pour la faire entrer dans la sphère du marché", 2018. Disponível em: *hal.archives-ouvertes.fr/hal-01948581*.

30. Ibid.

irradiação, isto é, no modo viral. Como observou Sabu Kohso, os radionuclídeos "viajam para muito longe e por muito tempo".[31] Eles "percorrem a terra segundo um padrão nanodimensional intangível e caótico" e "as mutações genéticas que provocam são transmitidas de forma hereditária". Quanto aos vírus, só podem se deslocar por curtas distâncias e por um curto período de tempo. Mas "as células infectadas se propagam de modo coextensivo a todos os seres humanos, por meio da dispersão de fluidos corporais (aerossóis e microgotículas) ou por contato direto". No decorrer de sua propagação, o poder mutante ora produz efeitos inorgânicos (ou maquínicos) e dispersos no espaço e no tempo, ora efeitos orgânicos, que atingem diretamente as relações sociais.

É também um poder que age por *encoframento*, mesmo quando afirma garantir a proteção de vidas. Sobretudo quando ocorrem catástrofes virais ou tecnoambientais, as atividades vitais se veem sujeitadas a uma gestão tecnopolítica, que consiste em isolar os corpos infectados, em submeter a vida social a restrições drásticas, abarcando até mesmo as interações físicas entre os corpos. Na realidade, o poder mutante se expressa mais pelo que destrói do que pelo que protege. É capaz de erradicar qualquer desejo de verdade e, ao fazê-lo, tende a transformar a política em uma luta existencial entre vontades irreconciliáveis.

Por mais que os corpos de carne e osso, os micróbios e as bactérias ainda sejam uma realidade, grande parte dessa nova forma de existência é vivida em telas, enquanto a maior parte dos gestos passa a ser guiada de forma robótica. Quer se trate de videogames, do comércio eletrônico, da pornografia, enfim, de todo tipo de artefatos, mídias e aplicações, uma grande parcela

31. Sabu Kohso e Liaisons, "Radiation, Pandemic, Insurrection", *The New Inquiry*, 14 dez. 2020.

da vida cotidiana se passa em inúmeros *sites*, que fornecem uma série de fábulas, em um mundo cada vez mais móvel, no sentido mais polimórfico, viral e cinético do termo.

Mais do que nunca, as forças do devir, virtuais ou reais, são cada vez mais portadas por uma *constelação de seres tecnológicos*. A essa constelação e a seus modos de operação geralmente se atribui o nome de tecnologia. Esta deve ser entendida não apenas como um conjunto de objetos, ferramentas, máquinas e instrumentos, mas também como uma instituição e um imaginário que se estendem até as periferias mais invisíveis do mundo.

Costumamos nos esquecer disso. À primeira vista, a *tecnologia* é um arquétipo do *artifício*, do *postiço*, daquilo que, sendo *fabricado*, é o resultado de hábeis e engenhosas combinações, mas é também, em si mesma, um regime de significados, verdadeiramente uma dimensão constitutiva da imaginação fabuladora. Nesse sentido, representa o extremo oposto do reino natural, com o qual, no entanto, compartilha os atributos, as propriedades e as funções de uso e utilidade. Contudo, aquilo que, em última análise, especifica a tecnologia atualmente não são tanto suas propriedades artificiais, e sim sua *condição androide*.

Os objetos técnicos não apenas estabelecem a mediação entre o mundo humano e o mundo natural e sobrenatural. No objeto técnico, é o próprio ser humano que se materializa. Ele delega ao objeto uma parte de sua humanidade e, ao fazê-lo, torna-o sua réplica, seu recipiendário. Investido de uma parte da humanidade do humano, o objeto é transformado em um *ser de pleno direito*. Não se trata mais de uma mera montagem material. Como expressão do desejo de domínio e poder do ser humano, ele agora é dotado de intenções. É *animado*. Embora o ser humano lhe tenha emprestado uma parte de sua própria individualidade enquanto ser vivo, o objeto ainda assim adquire uma existência autônoma. A partir de seu próprio interior, converte-se num vetor genérico de indeterminação.

Pode-se interpretar nesse sentido aquilo que Gilbert Simondon chama de "a presença do homem nas máquinas".[32] Ele afirma que o ser humano não é apenas o inventor das máquinas, seu intérprete vivo ou "o organizador permanente de uma sociedade de objetos técnicos". Ele "está *entre* as máquinas que operam com ele" e, nos termos das metafísicas animistas, *nele*, do mesmo modo como as "máquinas", em contrapartida, estão entre os humanos que nelas operam. Por muito que se possa dizer que "o que reside nas máquinas é a realidade humana, o gesto humano fixo e cristalizado em estruturas que funcionam", pode-se também afirmar o oposto, que parte do humano consiste na realidade dos objetos. O humano não está apenas presente entre as máquinas ou dentro delas. As máquinas, em contrapartida, operam o humano, perpassam-no e o impregnam. É isso que lhes confere o caráter de androides.

Três paradoxos

Três paradoxos, no entanto, permanecem no cerne do nosso presente tecnológico. Por um lado, o questionamento da tecnologia como expressão das *forças do devir* está cada vez mais isolado do questionamento político sobre o *sentido desse devir*. A razão instrumental e o poder que ela gera foram libertados do peso do sentido. Impulsionada, sobretudo, pela busca do lucro, a razão instrumental se emancipou de todo e qualquer juízo e agora tende a se bastar a si mesma. Mas, por mais importante que seja, a busca por rendimento e eficácia dificilmente será a resposta para a questão dos fins últimos. A atividade técnica não é capaz de encontrar em si mesma sua justificativa final. Supondo que a tecnologia seja a tradução do anseio humano por dominar as coisas por meio da razão, isso, por si só, não é uma resposta à pergunta crucial: esse domínio simboliza o quê?

32. Gilbert Simondon, *Du mode d'existence des objets techniques*. Paris: Aubier, 1989 [1958], pp. 11-12. As citações a seguir são da mesma fonte.

Graças ao triunfo da força pura sobre o sentido, tudo acontece como se qualquer futuro possível dependesse quase exclusivamente da capacidade de manipular ferramentas, objetos e instrumentos, de acumular e processar uma massa ilimitada de dados. Somente aquilo que tem funcionalidade prática é real, e a última palavra em relação a qualquer coisa está em sua utilidade imediata. Como o real agora é definido apenas pela lei de uso e utilidade, a própria inteligência é reduzida a uma simples receita. A tecnologia se tornou o repositório tanto dos desejos humanos mais obscuros quanto do que resta da vontade humana e histórica. Não se limita mais a meramente enquadrar os fluxos. Nem se limita mais a apenas impregnar todos os tipos de órgãos. Ela marca os corpos, todos os corpos. Ela está em vias de se tornar o segundo *corpo da Terra*, seu motor térmico.

Por outro lado, não há mais dúvidas de que a civilização termoindustrial finalmente acarretou o esgotamento do planeta. Com a ajuda da financeirização e da escalada tecnológica, as capacidades predatórias da humanidade se multiplicaram, e, em decorrência disso, se deterioraram as relações entre as espécies. A dramática involução que se seguiu provocou uma profunda dissociação entre a realidade tecnológica e o pensamento sociopolítico, num momento em que a tecnologia, lado a lado com a ecologia, passa a ser o terreno privilegiado das novas lutas políticas.

A esses dois paradoxos, há que acrescentar um terceiro. A tecnologia agora tende a absorver por completo os atributos do pensamento religioso, da razão mágica ou animista e da atividade estética. Não muito tempo atrás, o objeto artificial se destinava a afastar o humano do mundo. Atualmente, não é mais uma questão de afastamento, mas de possível fusão, já que é o próprio mundo que tende a se tornar artificial. Como resultado, habitar o mundo significa envolver-se incessantemente com a matéria, com as formas e com os objetos. Significa mergulhar na existência sensória e manter com a matéria uma relação direta, sem mediação, deliberadamente objetal.

Essa participação integral na vida dos objetos e da matéria, junto a essa adesão fundamental à lei da utilidade, faz com que o ser humano contemporâneo viva em relativa conaturalidade com a tecnologia. A ausência de mediação entre o humano, o mundo material e os seres técnicos tem como corolário o esgotamento das reservas simbólicas. A insaciável demanda por fábulas e mitos foi suprida não pela palavra, mas pela tecnologia. Ao preencher esse vazio e assumir as funções anteriormente atribuídas à transcendência e à magia, a tecnologia atribuiu-se a si mesma um fundo de intemporalidade que efetivamente fez dela uma das últimas religiões universais. Ao contrário das religiões clássicas, porém, esta é uma religião sem Deus.

Sendo assim, é possível que estejamos testemunhando o triunfo quase definitivo do gesto e dos órgãos artificiais sobre a palavra. Esse eclipse da palavra, esse triunfo absolutamente definitivo do gesto e dos órgãos artificiais sobre o símbolo, da *techné* sobre a razão, da imagem sobre o sentido, o fato de que a história da palavra pode estar se fechando diante de nossos olhos, é o evento historial por excelência. Nesse contexto, será ainda possível compreender a questão da governança da Terra utilizando apenas as categorias da antropologia social herdadas do século XIX? Até que ponto a densidade numérica do sujeito humano contemporâneo e sua relação com o mundo animal, mineral e vegetal, bem como com o resto do mundo vivo, nos obrigarão a lançar as bases de uma maneira de pensar sobre a Terra, sobre o mundo vivo e sobre a comunidade que não mais se funde na velha separação entre sujeito e objeto, do útil e do inútil, do que conta e do que não conta?

Essas questões surgem, então, num momento em que diferentes formas de violência vêm sendo testadas na população mundial.

O acúmulo de brutalidades cometidas pelo aparato estatal (exército, polícia, sistemas de imigração, justiça penal) já não poupa mais nenhum país. A essa violência visível, ocasionalmente abstrata, frequentemente somática, mas cada vez mais especular, somam-se outras modalidades, mais insidiosas, dilatórias, morosas e moleculares. É o caso das várias formas de endividamento e de sua relação, de um lado, com a violência perpetrada especialmente contra as mulheres e, de outro, com o complexo carcerário.[33] A tecnologia combina todas essas formas de dilaceração. Ela é crucial para o desenvolvimento de sociedades da abundância, cujos mitos fundadores ajuda a sustentar. Em contrapartida, por mais que esses mitos eventualmente reconheçam a devastação causada pela escalada tecnológica, o desenvolvimento tecnológico em si é sempre interpretado no quadro de uma história de avanços contínuos e, portanto, de emancipação humana.[34]

Essa reinserção quase automática do objeto técnico numa trajetória messiânica levou à negação da própria ideia de limites planetários. Persiste a crença de que a aceleração tecnológica permitirá superar todos os limites do crescimento, seja em termos de disponibilidade de terra ou de energia livre de carbono. Bastaria, pois, substituir cada recurso natural que consumimos por um artefato. Como observa Rémi Beau, poderíamos substituir, a título de exemplo, "os materiais naturais por materiais sintéticos e a extração de gêneros alimentícios diretamente da natureza pelo consumo baseado na produção agrícola e pecuária".[35] A tecnologia representaria, assim, uma solução para a equação antropocênica. Os serviços prestados pelos ecossistemas do planeta

33. Vanessa Contreras Capo e Nicole Delgado, "Debt and Structural Gender Violence", *Critical Times*, v. 4, n. 1, 2021. Ver também Julie Livingston e Andrew Ross, "Cars, Debt, and Carcerality", *South Atlantic Quarterly*, v. 121, n. 4, 2022, pp. 846-853.

34. Karl Polanyi, *La Grande Transformation*. Paris: Gallimard, 1983 [*A grande transformação: as origens de nossa época*. Trad. Fanny Wrobel. Rio de Janeiro: Campus, 1980].

35. Remi Beau, "Libérer les hommes et la nature! Fantômes et fantasmes de l'écomodernisme", *Tracés. Revue de Sciences humaines*, n. 33, 2017.

seriam assegurados por sistemas técnicos. Os recursos necessários à vida não mais seriam extraídos da natureza. Compreendida nesses termos, a tecnologia permaneceria dentro do horizonte instrumental no qual certa tradição do pensamento ocidental a confinou por muito tempo. Ao operar como um conjunto de dispositivos para agir sobre a natureza com o objetivo de transformá-la, perderia a tecnologia sua capacidade disruptiva, seu poder de capturar e transformar as coisas do mundo em energia? Ou será que, em vez disso, consolidaria a suposta separação dos humanos em relação às outras formas de vida que compõem a natureza? Essas são algumas das principais questões que norteiam este ensaio.

Capítulo 1

A PRODUÇÃO INERTE

Consideremos como ponto de partida a hipótese de que o fenômeno que define a nossa era é o surgimento de um *duplo da Terra*, que se manifesta parcialmente pela onipresença – na superfície do planeta, em sua órbita e nas entranhas de seus oceanos – de cabos submarinos, de múltiplas telas, terminais, redes e dispositivos celulares, em suma, pela explosão das tecnologias digitais.

O fantasma de uma linguagem pura

Mas ele também se torna evidente na proliferação de dispositivos algorítmicos de coleta e acúmulo de dados em massa, em seu processamento por mecanismos de inteligência artificial, na multiplicação de dispositivos de automação e na transformação das mediações que, até há pouco, contribuíam para a reprodução da forma-Terra. Por intermédio desse duplo, é o "fantasma de uma linguagem pura" que paira sobre a Terra.[1] Talvez devêssemos dar um nome a esse fantasma: o *Tecnoceno* ou, para ser mais preciso, o *Antropotecnoceno*.

A artificialização do globo terrestre e a terraformação de mundos artificiais são, a rigor, um evento de caráter ontológico-fenomenal, na medida em que abrem caminho para uma reconfiguração da existência humana em geral. A captura do mundo vivo em intermináveis cadeias sociotecnológicas é muito mais do que apenas o auge do velho projeto de matematização do mundo. É também sintoma das rupturas antropológicas que

1. O termo foi extraído de Maurice Merleau-Ponty, *La Prose du monde*. Paris: Gallimard, 1969, p. 7 [*A prosa do mundo*. Trad. Paulo Neves. São Paulo: Cosac & Naify, 2012, p. 1].

estão por vir. Já se disse à exaustão quc esse projeto e a lógica algorítmica que hoje o sustenta estão enraizados na tradição metafísica ocidental. É claro que se deve desconfiar de categorizações fáceis. Não existe, *a priori*, "um pensamento ocidental" que seja a antítese exata de "um pensamento" africano, hindu ou chinês. Contudo, foi no Ocidente que, talvez pela primeira vez na história da humanidade, surgiu o sonho de uma linguagem que fosse integralmente formalizada, de sistemas de escrita em que sequências simbólicas associassem sequências simbólicas a outras sequências simbólicas.[2] Foi igualmente ali que surgiu, talvez também pela primeira vez, a ideia de que a linguagem, calcada no princípio da razão e convertida em pura informação, poderia ser expurgada da impureza do equívoco.[3]

Essa feição matemática do pensamento acabou por permear todas as estruturas de apreensão do mundo, dos objetos e dos seres vivos. Em função disso, a Terra foi reduzida a uma extensão mensurável, que se supunha passível de todo tipo de aventura demiúrgica. O homem exerceria sobre ela uma soberania suprema. Tanto Galileu quanto Newton realmente acreditavam que o Universo era um livro escrito em linguagem matemática e geométrica, e que as forças sociais se resumiam, em última análise, a forças matemáticas, tidas como a própria norma do ser.

2. Alfred W. Crosby, *The Measure of Reality. Quantification and Western Society, 1250-1600*, Cambridge: Cambridge University Press, 1997; Mary Poovey, *A History of the Modern Fact. Problems of Knowledge in the Sciences of Wealth and Society*. Chicago: University of Chicago Press, 1998.

3. É o caso da geometria analítica de Descartes, do cálculo de fluxões de Newton e do cálculo diferencial de Leibniz. Ver especialmente René Descartes, *Les Principes de la philosophie*. Paris: Vrin, 1999 [*Princípios de Filosofia*. Trad. Torrieri Guimarães. São Paulo: Hemus, 1968]; Gottfried Wilhelm Leibniz, *Discours de métaphysique suivi de Monadologie*. Paris: Gallimard, 1995 [*Discurso de metafísica e outros textos*. Trad. Tessa Moura Lacerda. São Paulo: Martins Fontes, 2004]; Gottlob Frege, *Écrits logiques et philosophiques*. Paris: Seuil, 1971 [*Os primeiros escritos lógicos de Gottlob Frege*. Trad. Paulo Alcoforado, Alessandro Duarte e Guilherme Wyllie. São Paulo: Instituto Brasileiro de Filosofia e Ciência Raimundo Lúlio "Ramon Llull", 2012]; Alan Turing, *La Machine de Turing*. Paris: Seuil, 1995; e Norbert Wiener, *La Cybernétique. Information et régulation dans le vivant et la machine*. Paris: Seuil, 2014.

É compreensível que, na sua essência, o projeto da modernidade consistisse em tornar esse ser *acessível* em sua totalidade, de preferência por meio do cálculo e de aparatos técnicos. Mas o que significa calcular? Segundo Baptiste Rappin, "é, primordialmente, contar com as circunstâncias, isto é, adaptar-se aos fatores contingentes; calcular é, subsequentemente, planejar uma atividade visando a um resultado; calcular é, por fim, um ciclo permanente que não conhece descanso".[4] O objetivo final do pensamento calculante é controlar o ser. Para tanto, precisa recorrer às máquinas. Mas isso não é tudo. Para o pensamento calculante, tudo, toda e qualquer sequência, deve se tornar calculável, ou seja, nos termos da era das máquinas, exprimível num código binário. É com essa condição que a relação entre a palavra, o signo e a coisa pode ser eviscerada.

É também com essa condição que a logística pode finalmente se sobrepor à própria razão e ao pensamento. Assim, a fala se torna informação e dados. Mas isso não significa absorver todas as possibilidades da linguagem sob a forma unívoca do cálculo e dessa forma preparar o caminho para o aplainamento, o empobrecimento e até mesmo a erradicação da fala e, portanto, do sentido? Tentar despojar a linguagem de todas as suas torpezas não equivale a garantir que nenhum signo possa mais ter sentidos diversos? Resulta daí que a maioria dos signos produzidos hoje em dia é desprovida de sentido. Unívocos, tendem a ser depurados de toda e qualquer ambiguidade.

Ecologia geral

Nesse contexto, assumir a África como ponto de partida para uma indagação sobre os futuros da Terra e sobre os destinos da tecnologia oferece diversas vantagens. Com efeito, é uma das regiões

4. Baptiste Rappin, "D'univocité en rétroaction. La critique de la cybernétique dans la pensée de Heidegger", *Tic & Société*, v. 15, n. 1, 2022, pp. 41-67.

do mundo das quais emergiram uma teoria da vida, uma teoria da fala e uma teoria da ontogênese, cujo pleno potencial ainda não conseguimos explorar de maneira efetiva. A maior parte das cosmogonias africanas se assenta na evolução e nas transformações dos quatro elementos: ar, fogo, água e terra. Cada um desses elementos contém em si os próprios desdobramentos, o próprio ventre. Ele é o centro do próprio movimento. Mas também contém, potencialmente, todos os outros. O ar e o fogo, a terra e a água não mantêm apenas vínculos compensatórios entre si, mas estão implicados uns nos outros. Em grande medida, é porque o Uno é Múltiplo (ou potencialmente contém o Múltiplo) que ele pode gerar substância. A esses quatro elementos se somam os gênios, os seres humanos, as plantas, os animais e os números. Todos esses elementos são dotados de um ritmo intrínseco, de uma ossatura própria, mas só estão "vivos" porque compartilham energia uns com os outros. Para os bambaras, por exemplo, a Terra é o produto de um turbilhão no meio do espaço, um estiramento, ou mesmo uma dispersão, que desemboca em uma espiral. Esse movimento da espiral em torno de si mesma gera, por sua vez, um processo de exsudação, o suor da Terra. O corpo suado da Terra exala um tipo de matéria que pode ser comparada à imundície. Longe de ser uma substância acabada, está sempre sujeita a recomeçar e, a cada vez, a um novo ciclo de regeneração.[5]

No centro daquilo que chamo de *ecologia geral* está, portanto, a *mistura de elementos*. Isso pressupõe movimento, ou mesmo turbilhonamento. É o movimento da espiral em torno de si mesma que produz o corpo suado, o corpo molhado da Terra, que exala a excreção à qual está misturada a fala. Para que aflore da Terra o corpo, é preciso cobre, fogo, Sol, ar, água, madeira, pedras, metais, a mistura fervilhante dos elementos, incluindo o vento, a semente, a luz

5. Ver Solange de Ganay, "Notes sur la théodicée bambara", *Revue de l'histoire des religions*, v. 135, n. 2, 1949, pp. 187-213.

e as trevas, sem esquecer "o calor que choca o ovo ou que emana da putrefação".[6] Isso porque cada um dos elementos considerado separadamente é semelhante à pessoa humana, um ser incompleto, composto de um pouco de ar, um pouco de água, um pouco de terra, um pouco de fogo e um pouco de cada tipo de metal.[7]

Os sistemas classificatórios obedecem ao princípio da multiplicidade – multiplicidade de espécies, de rãs, de insetos, de sapos, de mamíferos que matam pessoas ou de cobras. Cada categoria do existente é instável, ramificando-se constantemente em múltiplas subcategorias que, por sua vez, estão em perpétua recomposição. Nessas condições de intensa variabilidade, o que mais conta são as teias de relações urdidas pelos agentes envolvidos. Essas teias de relações conectam espécies heterogêneas que a todo momento se buscam reunir e associar, o que é feito de acordo com códigos aparentemente fixos, destinados a produzir vibração e ressonância. Na realidade, quer seja em função do *habitat*, da dieta, dos tabus ou dos detalhes anatômicos, esses códigos são sempre flexíveis. Sempre podem ser mobilizados em novos arranjos combinatórios.

Para os dogons, por exemplo, todas as categorias de seres e de coisas do universo são classificadas, como os astros, os tecidos, os animais e as instituições. Germaine Dieterlen relata que as plantas se distribuem por 22 "famílias" principais, às quais se somam duas famílias complementares, elevando o total a 24.[8] Acrescenta que cada categoria de seres ou coisas "guarda correspondência, em princípio, com todas as outras, de acordo com

6. Ibid., p. 194.

7. Germaine Dieterlen, "La personne chez les Bambara", *Journal de Psychologie normale et pathologique*, n. 1, jan.-mar. 1947, pp. 43-53. Sobre esse assunto, ver Marcel Griaule, "Mythe de l'organisation du monde chez les Dogons du Soudan", *Psyché*, n. 6, abr. 1947, pp. 443-453, e Solange de Ganay, "Aspects de mythologie et de symbolique bambara", *Journal de Psychologie normale et pathologique*, abr.-jun. 1949, pp. 181-201.

8. Germaine Dieterlen, "Classification des végétaux chez les Dogon", *Journal de la Société des Africanistes*, tomo 22, 1952, pp. 115-158.

sua classificação [...]. Por outro lado, cada uma das 22 famílias principais de cada categoria corresponde a uma das 22 partes do corpo humano, considerado como um todo". E conclui: "O todo oferece um sistema coerente de correspondências cosmobiológicas", com o universo inteiro projetado, de cada uma de suas partes, para dentro do ser humano.

Como explica Amos Tutuola em seu *O bebedor de vinho de palmeira*, quase tudo aqui é variação e multiplicidade, inclusive a vida. Nada nunca é igual a si mesmo. Os tamanhos, as formas externas, as estruturas internas, os ambientes variam constantemente, mesmo e sobretudo quando estão entrelaçados em processos interdependentes. O próprio mundo vivo é reconhecido por sua variabilidade e por sua estrutura instável, e essa propriedade não é equivalente à desordem ou à anarquia. Pelo contrário, é por meio das diferenças de ritmo, de expressão e de intensidade que a trama é formada. E ela é passível de múltiplas recombinações. Uma ordem desse tipo é, por definição, *plástica*. Em inúmeros relatos míticos, cânticos mágicos e explicações cosmológicas, multiplicidade e originalidade, ambiguidade e singularidade têm precedência sobre a identidade, e os eventos aleatórios sobre qualquer fixidez ou determinismo. A história tem a estrutura de um dado. Os atores mudam constantemente de forma e de posição. Metamorfoses, transposições, mutações e rearranjos são a norma. Nenhuma entidade é estática. Instabilidade, combinações e recombinações ensejam sempre entidades novas e recompostas. Nessas condições, qualquer ordem imposta aos vivos será meramente artificial. Não há estrutura celular do mundo vivo. O que é vivo se compõe com base num potencial de variabilidade, elasticidade e plasticidade que é sempre cambiante. Esse potencial faz parte de seu metabolismo.

Por certo se depreende que todo ser vivo, incluindo os seres técnicos, tem seu nicho. Mas é um nicho em constante recomposição. Desse ponto de vista, a Terra é um composto de alcovas, um mosaico de refúgios ou de *habitat* e de abrigos dedicados a cada ser individualmente e à multidão de seres como um todo. Em outras palavras, a Terra é a única entidade que, em sua frugalidade e exuberância, abre espaço para todos sem distinção, servindo como *habitat mínimo* para a totalidade da vida. O modo como cada um dos seres é acolhido pela Terra e a habita e a maneira como ela supre as necessidades e *carências elementares* de cada ser são a base daquilo que, na esteira dos mitos e saberes africanos, entendo por ecologia geral.

Ela não se baseia nem no princípio do cálculo nem no do domínio. Nos saberes ancestrais africanos, a humanidade não se considera dona e senhora da Terra. Não existe hierarquia entre as diferentes formas de vida, já que cada uma delas, como mostram principalmente os contos, é concebida como repositório de uma inteligência específica. Aliás, algumas formas de inteligência precedem a dos humanos. Embora haja espaço para a evolução, ela não é a chave fundamental do tempo. A história não se desenrola de modo linear, e nem tudo se ordena ao longo de uma linha que vai do mais simples ao mais complexo. Na realidade, tudo é um emaranhado de diferentes nós. Os dualismos fundamentais giram em torno do que está aberto e do que está fechado, do que é visível e do que é invisível, da vulnerabilidade e da durabilidade.[9] No fundo, as molas mestras da vida são insondáveis, incalculáveis e inapropriáveis, existindo um elemento de mistério nas coisas vivas que está na origem de todo encantamento e de toda criação, quer se trate de criação poética ou de gestos técnicos.

Esses são alguns aspectos daquilo que chamo de ecologia geral. No cerne dessa ecologia, as duas atividades, tanto a confecção

9. No original, *durabilité*, termo que geralmente cobre o espectro semântico correspondente à "sustentabilidade" da língua portuguesa. Tendo em vista, porém, que o autor discute implicações conceituais e terminologias cognatas aos vocábulos "durar" e "perdurar", adotamos preferencialmente e sempre que cabível, aqui como em outras de suas obras, a expressão "durabilidade". [N. T.]

de artefatos (em outras palavras, a fabricação de ferramentas e instrumentos) quanto a produção de símbolos e imagens, sempre procederam de uma mesma carne, a carne da linguagem. Imagens e símbolos, de um lado, ferramentas e instrumentos, de outro, têm em comum serem *utensílios da vida*. Acrescente-se a isso que, até onde podemos recuar na história, a existência humana aqui sempre teve uma dimensão fundamentalmente ecológica. A ecologia era a própria fonte da linguagem e seu destino final. Como num eco, a grande diversidade de meios e de ambientes era acompanhada pela grande *diversidade de seres*. Para os antigos dogons, por exemplo, a multiplicidade de seres incluía os humanos, os gênios, as coisas e forças invisíveis, as almas dos ancestrais e outras realidades associadas à vida, como o calor do fogo e do Sol, as formigas, os cupins e os pássaros, as fibras vegetais, as máscaras, e até mesmo a palavra.[10]

Todos esses seres eram divididos em várias categorias. Entre elas, três em particular, os seres humanos, os seres imemoriais e os que habitam a noite, e os seres artefatuais produzidos pela tecnologia, eram ligados entre si por relações sinérgicas. Como em outras partes do continente, cada ser era em si mesmo a causa de seu próprio movimento. Mas esse mesmo movimento podia, por sua vez, ser impulsionado por uma força externa. Era o caso da fala, cujo valor era igualado apenas pelo perigo constante que representava para todo ser falante.[11] Além disso, cada categoria de seres estava envolvida simultaneamente em uma multiplicidade de ações. Agir e perceber eram, na verdade, inseparáveis. Percorrer, perceber e ver eram, em si mesmas, formas de agir sobre, com e por meio do mundo.[12]

10. Ver Dominique Zahan, *La Viande et la Graine*, op. cit.

11. James Fernandez, *Bwiti. An Ethnography of the Religious Imagination in Africa*. Princeton: Princeton University Press, 1982.

12. Éric de Rosny, *Les Yeux de ma chèvre. Sur les pas des maîtres de la nuit en pays Douala*

Por mais que os usos que as pessoas faziam dos ambientes e entornos também fossem múltiplos, tais usos cumpriam uma função precípua, a luta geral contra a morte. Aliás, a vida e a morte do ser humano faziam parte de uma única narrativa, de uma única trama. Os mitos de origem, os ritos e sistemas de pensamento ocupavam-se de um único enigma: a introdução da morte no mundo, os recursos para agir contra ela e para conter a corrupção e as ameaças de desaparecimento não só da espécie humana, mas de todos os seres vivos.

Essa luta contra a morte e pela reparação e incessante renovação do universo era organizada "com elementos que eram oriundos uns do universo imaterial, outros do material".[13] De resto, estar vivo exigia a imersão mais profunda em um marco espacial-ecológico, que tinha a particularidade de estar estreitamente conectado a outros universos, incluindo o universo vegetal e o universo cósmico. O domínio material dos humanos sobre o meio ambiente, ou seja, a organização da matéria, se realizava por meio de técnicas de todo tipo, incluindo cultos e ritos. O meio ambiente podia ser explorado e submetido a transformações, mas todo e qualquer meio ecológico era, acima de tudo, um universo no qual os seres estavam em ressonância.

Esse modo de *compor o mundo, em movimento e em ressonância com as outras forças vivas*, conferiu lugar de destaque a uma diversidade de competências. Seu objetivo era apreender o que estava oculto e trazer o invisível ao alcance dos humanos. Competências e objetos eram considerados garantias de vida. Além disso, aprender consistia sobretudo em se colocar à escuta, inclusive das paisagens e dos arredores, do relevo e dos lugares sagrados, das sendas e das orlas, do ciclo das estações, da miríade de sons e

(*Cameroun*). Paris: Plon, 1981. Ver também Wyatt MacGaffey, "Complexity, Astonishment and Power. The Visual Vocabulary of Kongo Minkisi", *Journal of Southern African Studies*, v. 14, n. 2, 1988, pp. 188-203.

13. Dominique Zahan, *La Viande et la Graine*, op. cit., p. 37.

imagens e da gleba, das plantas, dos insetos e dos pássaros. Não era, afinal, e acima de tudo, uma questão de decifrar os sinais de vida, os mil percursos dos vivos, de captar os fluxos vitais e assegurar sua redistribuição ao longo das diferentes cadeias: mineral, botânica, zoológica, psicológica, biológica e orgânica?

As relações que as diferentes categorias de seres mantinham uns com os outros não se limitavam à sociedade humana.[14] Passar de uma forma a outra, de um estado a outro, era o segredo. O conhecimento do segredo só era adquirido no final de uma revelação progressiva, na conclusão de uma longa jornada iniciática. A sociedade dos seres humanos era apenas um segmento singular da *comunidade geral dos seres, que incluía os mortos*. Os processos técnicos, já de saída e por definição, faziam parte dos processos vitais.[15] Participar da irradiação da vida, e eventualmente da reafirmação do cosmos, era a função última dos objetos técnicos. A própria vida era entendida tanto como uma energia que circulava entre corpos singulares e uma diversidade de ambientes quanto como a capacidade de realizar a vasta gama de possibilidades.

Por outro lado, a África é, na história da espécie humana, um dos mais antigos e mais recentes laboratórios do mundo vivo. Foi aqui, na verdade, que a humanidade, como espécie, pela primeira vez tomou consciência de que, ao se libertar da condição animal, teria um certo futuro à sua frente; que o acaso não bastaria; e que, para continuar a crescer e se reproduzir, seria necessário acrescentar gestos à fala, e que esta realizasse o registro de si mesma por meio da fabricação de ferramentas. Abordando o tema das ferramentas usadas pelos antigos bambaras da África Ocidental,

14. Jan Vansina, *Paths in the Rainforests. Toward a History of Political Tradition in Equatorial Africa*. Madison: University of Wisconsin Press, 1990.

15. Amos Tutuola, *L'Ivrogne dans la brousse*. Trad. Raymond Queneau. Paris: Gallimard, 1953 [*The Palm-Wine Drinkard and his Dead Palm-Wine Tapster in the Dead's Town*. Londres: Faber & Faber, 1952; *O bebedor de vinho de palmeira*. Trad. Eliane Fontenelle. São Paulo: Nova Fronteira, 1970].

Germaine Dieterlen explica que os cabos das enxadas e dos machados eram reconhecidos como pessoas, "porque estavam impregnados com a força vital da pessoa que os empunhava".[16] Isso porque o vínculo entre a ferramenta, seu criador e seu usuário não era uma relação de exterioridade. Algumas ferramentas, aliás, eram submetidas a sacrifícios regulares. Por assim dizer, esses sacrifícios e rituais davam fôlego e inspiração à ferramenta.

Não era raro, por exemplo, que o caçador embebesse suas armas no sangue de animais feridos ou mortos, "sangue que transmitia ao instrumento parte da força do animal e contribuía para aprimorar a habilidade do caçador".[17] Não bastava apenas desvendar o segredo da fabricação de ferramentas. Também era necessário dominar seu uso. A eficácia de uma ferramenta não dependia apenas de suas propriedades intrínsecas. Toda ferramenta precisava de um suplemento proporcionado por outras forças e energias, que, por sua vez, eram incorporadas a uma ou mais ferramentas, que se tornavam seus vetores e suportes preferenciais.

A essa primeira tomada de consciência somou-se outra: as espécies se transformam, ou então desaparecem, e os objetos técnicos representam uma das principais chaves para essa transformação. Não são simplesmente o meio pelo qual os seres humanos objetivam a natureza. Ao forjar artefatos, a humanidade também se objetiva a si mesma, materializa seus desejos e intenções, assim como seu poder a um só tempo construtivo e destrutivo, em suma, projeta sobre os materiais suas capacidades sensitivas. É assim que ela se põe em movimento, liberando toda uma gama de possibilidades no processo. Isso foi há muito tempo, antes que se soubesse que ela poderia, aliás, dar um fim à sua aventura terrena graças aos processos atômicos. De

16. Ver Germaine Dieterlen, "L'arme et l'outil chez les anciens Bambara", *Africa*, v. 18, n. 2, 1948, p. 109.
17. Ibid., p. 106.

fato, levado ao seu ponto máximo de incandescência, o objeto técnico, criação humana que é, poderia, a qualquer momento, converter-se em instrumento de seu suicídio.

Essa ambivalência de fundo encontrava expressão em duas figuras arquetípicas entre os antigos dogons: a formiga e o cupim. Ao devorar as sementes, a formiga destruía a vida. Era a portadora da morte. Ao mesmo tempo, era um sinal de vida, porque se considerava que seu ciclo biológico era marcado por metamorfoses. Seu cadáver não se decompunha, mas se ressequia. O cupim, por outro lado, alimentava-se principalmente de resíduos vegetais e, portanto, de substâncias mortas. Ao fazê-lo, destruía a morte, ao mesmo tempo em que a conotava, por não sofrer nenhuma metamorfose durante seu ciclo biológico. Além disso, um termiteiro morto exalava um odor peculiar comparável ao de um cadáver.[18] Em ambos os casos, fica evidente a dialética da dissolução, da decomposição e do corpo perecível, por oposição à metamorfose e à transladação. E, em ambos os casos, é a questão da durabilidade que se coloca.

O *nomos* da Terra e o *nomos* racial

Com base nessa ecologia geral, é possível que a Terra seja considerada não tanto em oposição aos astros, não tanto em relação a suas diversas eras e épocas geológicas, mas de um ponto de vista expressamente político e simbólico, como a utopia suprema, a *derradeira utopia*, talvez. Como utopia suprema, remete tanto ao que é partilhado entre todas as espécies quanto ao que as aparta, começando com as particularidades de sua roupagem corporal: corpo animal, mineral, vegetal ou humano. Nenhum desses corpos, porém, é inescapável. Num súbito salto ontológico, os seres humanos, por exemplo, podem sair de seus próprios corpos e

18. Dominique Zahan, *La Viande et la Graine*, op. cit., pp. 25-26.

por um momento que seja tomar emprestados os de outros, "por meio de sonhos, da ingestão de alucinógenos ou do transe xamânico", como observa Marc Lenaerts sobre os ashaninkas da bacia do Ucayali.[19] Ao compartilhar dessa forma a substância corporal de outros seres vivos, eles "correm o risco de deixar de ser humanos". Em outro nível, podem também domar os espíritos de plantas fortes, tornando-as suas aliadas. Os corpos e as identificações botânicas e zoológicas são como nomes: "Cada espécie pode receber vários nomes, dependendo do contexto, e cada nome pode designar espécies botanicamente muito distintas".

Em seu sentido menor, a Terra é uma unidade global de subsistência, um recurso material e social cujas conquista e apropriação, redistribuição e exploração, em quase todos os lugares, dão origem a inúmeros conflitos, por vezes existenciais. Não está ela, afinal, talvez mais do que qualquer outro identificador, associada aos mitos de origem e aos sentimentos de pertença e afiliação, às neuroses identitárias de todos os tipos e à mitologia do sangue, do solo e do parentesco? Como fonte de alimento, lugar de trabalho, mercadoria alienável, objeto a ser tributado ou local de sepultamento, não está ela, em toda parte, sujeita a usos diversos, sendo objeto de fixações que não raro são fatais? Tomar posse dela não exige, enfim, ocupá-la, fixar-se nela e defendê-la contra outros ocupantes potenciais? Em muitos aspectos, na verdade, ela se afigura como uma força de embasamento, que, em última instância, não pode ser compartilhada, pois dois povos distintos

19. Ver Marc Lenaerts, "Ontologie animique, ethnosciences et universalisme cognitif. Le regard ashéninka", *L'Homme*, v. 3, n. 179, 2006, pp. 113-139. De modo geral, ver Marc Lenaerts, *Anthropologie des Indiens Ashéninka d'Amazonie. Nos sens Manioc et l'étranger Jaguar*. Paris: L'Harmattan, 2004.

não podem ser simultaneamente seus donos.[20] É sem dúvida por isso que, em seu nome, se está disposto a causar a morte e a derramar o sangue, tanto o próprio como o dos outros.

Além de suas amplidões e relevos, seus contornos e profundezas, há algo na relação com a terra que a torna a fonte primitiva da disputa, o tipo de disputa que se esgota preferencialmente pela força. Por ser suscetível à apropriação, a terra é um daqueles bens que despertam o desejo de desapossar os outros em benefício próprio. Em nome de sua defesa ou conquista, existe uma disposição tanto para aceitar a morte quanto para provocá-la. Mediante sua ocupação efetiva, o direito de governar é transferido sem reservas. Foi o que aconteceu entre 1870 e 1900, quando a Europa se apoderou dos últimos territórios coloniais, primeiro firmando "tratados" com estruturas de poder não estatais ao longo da costa africana, adquirindo assim "títulos jurídicos" que em realidade nunca o foram, e depois passando à "ocupação plenamente efetiva" de vastos territórios, pela via da conquista. Em seu *O nomos da terra*, Carl Schmitt evoca, nesse sentido, a *Lei do Congo* (1884-1885). Sob o pretexto de "abrir à civilização a única parte do nosso globo em que ela ainda não penetrou, romper as trevas que envolvem populações inteiras", ela empreendeu, nas palavras do rei Leopoldo da Bélgica, "uma cruzada digna deste século de progresso".[21]

Essa é uma das razões pelas quais, na maioria dos casos, os povos cujas terras foram tomadas em combate caem sob dominação estrangeira. Tendo a espada aberto o caminho e tendo o sacrifício sido pago com sangue, sua soberania lhes foi arrancada e suas terras foram proclamadas "vacantes e sem dono". Foi sempre

20. Ver Renée Koch Piettre, Odile Journet e Danout Liberski-Bagnoud (orgs.), *Mémoires de la Terre. Études anciennes et comparées*. Grenoble: Éditions Jérome Millon, 2019, pp. 11-13.

21. Carl Schmitt, *Le Nomos de la Terre*. Paris: Presses Universitaires de France, 2012, p. 216 [O nomos *da Terra no direito das gentes do* jus publicum europaeum. Trad. Alexandre Franco de Sá, Bernardo Ferreira, José Maria Arruda e Pedro Hermínio Villas Bôas Castelo Branco. Contraponto: Rio de Janeiro, 2013; *Der Nomos der Erde im Völkerrecht des Jus Publicum Europaeum*. Ducker & Humblot: Berlim, 1950, p. 190].

assim durante as colonizações e em outros episódios sangrentos, quando a terra, declarada virgem ou inculta, via seus primeiros ocupantes, se não eliminados, confinados a reservas, o exemplo típico do confinamento e de uma amplidão escancarada.[22]

Considerando que a perda da terra foi equiparada a mais do que a perda de um membro, tais atos de espoliação ou expropriação haveriam de alimentar, por sua vez, inúmeras reivindicações, geralmente visando obter reparação ou restituição. Ao ato de esbulho corresponderia, portanto, uma invocação de justiça. Nesse mais elementar dos sentidos, a justiça consiste em devolver o que é devido, em recuperar o que foi perdido, em impedir o roubo e a usurpação. O ladrão e o usurpador, de fato, tomaram injustamente algo essencial de pessoas que não lhes haviam dirigido anteriormente nenhuma ofensa. O direito de reivindicar aquilo que nos pertence está, assim, inscrito na própria fundação da terra, mas essa fundação é também o alicerce que sustenta nossas obras, o chão sem o qual restamos como que privados de voz, de ar e de água, suspensos no vazio. Esse dever de restituir ou reparar é inseparável do direito de respirar.

Em grande medida, a relação dos humanos com a terra tem sido, desde o início da Modernidade, análoga àquela mantida pelos senhores com seus escravos. Assim como as plantas precisam de elementos químicos essenciais para seu crescimento e metabolismo, os sistemas escravistas modernos exigiam nutrientes para assegurar a manutenção de suas funções no âmbito da economia, da sociedade e da ordem política em geral. Era crucial nutri-los com

22. Ver os trabalhos de Patrick Wolfe, *Logics of Elimination. Colonial Policies on Indigenous Peoples in Australia and the United States*. Lincoln: University of Nebraska-Lincoln, 2000; Patrick Wolfe, *Traces of History. Elementary Structures of Race*. Londres/Nova York: Verso, 2016. Ver as críticas de Jean M. O'Brien, "Tracing Settler Colonialism's Eliminatory Logic in Traces of History", Robin D. G. Kelley, "The Rest of Us. Rethinking Settler and Native", e Saree Makdisi, "Elimination as a Structure. Tracing and Racing Zionism with Patrick Wolfe", *American Quarterly*, v. 69, n. 2, 2017. Ver também Patrick Wolfe, "Settler Colonialism and the Elimination of the Native", *Journal of Genocide Research*, v. 8, n. 4, 2006, pp. 387-409.

matéria orgânica. Raça era o nome dessa matéria. Produzir a raça exigia, na prática, a investida sobre os corpos singulares realizada por todo tipo de máquinas, grandes e pequenas, e por todo tipo de aparelhos mastigatórios em movimento contínuo. Seja no plano jurídico, no campo médico ou na escala da plantação, esses dispositivos operavam por contração e, quando necessário, por dilaceração. Sua função era captar a energia psíquica e corporal e a força muscular do escravo e, numa relação essencialmente parasitária, transformá-las em nutrientes para a vida e a reprodução do senhor.

Por exemplo, no regime de *plantation*, a pessoa escravizada era incorporada, por meio do trabalho, à carne e ao domínio de seu proprietário, sempre suscetível ao látego, numa espantosa opacidade, ora como coisa, ora como animal.[23] Por vezes, o proprietário a tratava com zelo e tomava cuidados para que dela pudesse fazer melhor uso e tirar melhor proveito. Em outras ocasiões, impunha-lhe os mais variados castigos. Outras vezes, quebrava-lhe o pescoço, evidenciando assim sua soberania sobre uma humanidade bestializada. Não obstante, o sustento do que ele consumia não passava de um mero instante no caminho para a exaustão que precedia o desamparo e o abandono. A história das relações entre raça e medicina no contexto da escravidão nas Américas demonstra isso abundantemente.[24]

Já a partir do século XVIII, especialmente nos Estados Unidos, começaram a surgir teorias médicas relacionadas ao manejo dos corpos negros nas plantações. O objetivo tanto dessas teorias quanto das práticas médicas que delas derivaram era mais legitimar a biologização do mundo social do que tratar doenças reais.

23. A respeito dessa proximidade com a cadeia dos outros entes depreciados, ver Joshua Bennett, *Being Property Once Myself. Blackness and the End of Man*. Cambridge: Harvard University Press, 2020.

24. Ver, por exemplo, Amanda Thornton, “Coerced Care. Thomas Thislewood’s Account of Medical Practice on Enslaved Populations in Colonial Jamaica, 1751-1786”, *Slavery & Abolition*, v. 32, n. 4, 2011.

De início, sugeriu-se que pessoas negras e brancas eram dotadas de constituições físicas diversas, que exigiriam diferentes tipos de condições de vida e de bem-estar ou de meios de subsistência. A partir daí, a "medicina dos escravos" assentou-se no pressuposto de que as pessoas escravizadas padeciam de enfermidades, afecções e condições específicas, fossem agudas ou crônicas. A prática médica não visava à cura; ela patologizava formas de vida.[25] O nível de cuidados dispensados aos escravos importava ao senhor na exata medida em que um corpo negro produtivo representava um fator direto de prosperidade. Longe de curar, as teorias médicas sobre os corpos negros contribuíam para a rigidez da hierarquia racial e a normalização do sistema econômico vigente.

Além disso, como inúmeros analistas têm apontado repetidamente, um dos traços distintivos da dominação racial com frequência tem sido sua dimensão cinegética, com a relação dominante-dominado muitas vezes assumindo os contornos de uma relação entre o predador e sua presa.[26] Isso se dava especialmente no campo da sexualidade e da reprodução. Contudo, a dialética da presa e do predador ia muito além da exploração e das agressões sexuais sofridas pelas mulheres escravizadas. Os preços das mulheres vendidas eram certamente decididos com base em sua capacidade reprodutiva. Como *capital biológico*, representavam um lucro potencial para a infraestrutura escravista,[27] mas a domesticação como capital bioeconômico dependia de um primeiro nível de captura de natureza quase ontológica.

25. Rana A. Hogarth, *Medicalizing Blackness. Making Racial Difference in the Atlantic World, 1780-1840*. Chapel Hill: The University of North Carolina Press, 2017.
26. Ver Elsa Dorlin, *Se défendre. Une philosophie de la violence*. Paris: Zones-La Découverte, 2020.
27. Deirdre Cooper Owens, *Medical Bondage. Race, Gender, and the Origins of American Gynecology*. Athens: University of Georgia Press, 2017.

O escravo era reduzido a um ser híbrido, parte humano, parte animal e parte objeto da natureza.[28] O corpo do escravo só podia ser realmente descrito como um corpo duplo, pois sempre se enxertava uma dimensão animal à estrutura propriamente humana do corpo. Era algo intrínseco ao modo de ser do escravo. Sob o regime de *plantation*, o corpo do escravo era, por definição, uma composição do corpo humano (um sistema circulatório, duas narinas, uma boca, dentes, mãos e pés) e do corpo animal (boca e patas). Como qualquer sujeito humano, o escravo certamente era capaz de tocar, provar e cheirar, mas também se esperava dele que rastejasse, amuasse, bufasse, corresse – em suma, que participasse da vida animal. Como a linha divisória entre animal e escravo, já *a priori*, era considerada tênue, era antes a motricidade que a mobilidade o modo preferencial de sua interação espacial com o mundo. Para compreender o fenômeno da vida vivida dentro do dispositivo que era a plantação, é importante ter em mente esse acoplamento estrutural.[29] Com isso, a mobilidade dos escravos era severamente restrita.[30]

Em ambos os casos (vínculo de propriedade e vínculo cinegético), a relação sempre foi sustentada por uma troca parasitária entre aquele que come e o que é comido. O predador-parasita era tão alterado quanto a presa. Ele se via constantemente diante do risco de se tornar aquilo que comia. Ao mesmo tempo, o escravo se via inserido numa continuidade que ligava o cão, o cavalo, os animais domésticos e seu senhor. Ele era mais um elemento, um componente entre outros no seio de um ambiente natural em que cada espécie faz, desfaz e refaz

28. Ver, a respeito, Bénédicte Boisseron, *Afro-Dog. Blackness and the Animal Question*. Nova York: Columbia University Press, 2018; e Zakiyyah Iman Jackson, *Becoming Human. Matter and Meaning in an Antiblack World*. Nova York: Nova York University Press, 2020.

29. Calista McRae, "'The Great Chain of Being Come Undone'. Linking Blackness and Animal Studies", *Environmental Humanities*, v. 14, n. 1, 2022, pp. 203-215.

30. David Lambert, "Master-Horse-Slave. Mobility, Race and Power in the British West Indies, c. 1780-1838", *Slavery & Abolition*, v. 36, n. 4, 2015.

as outras.[31] Nesse sentido, sua destruição fazia parte da história geral de destruição do meio ambiente.[32]

Existe, pois, uma estreita relação entre o *nomos da Terra* e o *nomos racial*. A era moderna iniciou-se efetivamente com uma divisão racial da Terra, que desde cedo assumiu uma dupla dimensão espacial e financeira.[33] Opera-se hoje, talvez pela primeira vez na história da humanidade, um alinhamento entre habitar a Terra, povoar a Terra e o princípio da raça. A questão suscitada pelo princípio da raça não envolve apenas saber a quem pertence a Terra e como deve ser habitada. Implica também definir quem tem direito a qual tipo de cuidado, por que e em quais circunstâncias. Nessa perspectiva, a colonização é um modo de ampliação espacial da raça, e isso se aplica particularmente às assim chamadas colônias de povoamento. Há vários aspectos a serem considerados sobre a raça como processo metabólico. Para começar, a ordenação racial da Terra se assemelha a um longo processo de captura, mastigação e digestão. No final desse processo, o que foi mastigado é engolido, digerido ou excretado. É por isso que, em muitos aspectos, a matéria racial se aproxima da matéria fecal, uma espécie de podridão vegetal cujas funções, na modernidade, têm se mostrado contraditórias.

Dividir a Terra e habitá-la de acordo com o princípio da raça implica também relegar uma determinada massa de corpos à categoria de excedente, quando não supérfluo, algo que pode

31. Sobre a posição do Direito nesse processo, ver Colin Dayan, *The Law is a White Dog. How Legal Rituals Make and Unmake Persons*. Princeton: Princeton University Press, 2011. Ver também John Samuel Harpham, "Two Concepts of a Slave in the South Carolina Law of Slavery", *Slavery & Abolition*, v. 39, n. 1, 2018.

32. Julietta Singh, *Unthinking Mastery. Dehumanism and Decolonial Entanglements*. Durham: Duke University Press, 2018; Lindgren Johnson, *Race Matters, Animal Matters. Fugitive Humanism in African America, 1840-1930*. Nova York: Routledge, 2018.

33. K. Ryder, "'To Realize Money Facilities'. Slave Life Insurance, the Slave Trade, and Credit in the Old South" *in*: Jeff Forest e Christine E. Sears (orgs.), *New Directions in Slavery Studies. Commodification, Community, and Comparison*. Baton Rouge: Louisiana State University Press, 2015, pp. 53-71.

ser dispensado ou desperdiçado.[34] Mas é mais fácil dispensá-la se, de antemão, essa massa corporal tiver sido estigmatizada, estampada com o sinal indelével da abjeção e da degradação. Resíduo do metabolismo, refugo ou escória, é a parte não assimilada, uma espécie de cabeça de tênia dotada de ventosas e ganchos. Repelido para fora do organismo, o dejeto ainda assim faz parte do biótopo.[35] Seja na forma de detrito ou de lixo, segue pertencendo ao ambiente vivo da Terra, onde desempenha as funções paradoxais de lodo e entulho.[36]

Foi o que ocorreu com os cadáveres de escravos, para os quais passou a existir um mercado interno em expansão nos Estados Unidos ao longo do século XIX. No cadáver de um escravo, dois sistemas de valor se entrelaçavam. Por um lado, o valor econômico atribuído em vida ao corpo negro encontrava seus limites objetivos na morte. Por outro lado, principalmente por meio da dissecção, novos experimentos médicos tornaram-se possíveis, e o próprio cadáver, à semelhança do corpo vivo, permanece sendo mercadoria, objeto de uma dupla especulação financeira.[37] Um "valor fantasma" lhe podia ser atribuído por banqueiros, companhias de seguros e coletores de impostos. E era o que ocorria, sobretudo quando as fontes de renda e os ativos de seus senhores precisavam ser estimados. Era também o procedimento seguido em caso de inventário sucessório ou de partilha de bens.

34. Para um estudo de caso, ver os cinco volumes de Laurine Platzky e Cherryl Walker, *Surplus People Project Survey 1980-1981* (Reference ID: zaf-spp-spps-1980-1981-v1). Disponível em: *datafirst.uct.ac.za*.

35. Ver, a respeito, Brian Williams e Jayson Maurice Porter, "Cotton, Whiteness, and Other Poisons", *Environmental Humanities*, v. 14, n. 3, 2022, pp. 499-521.

36. James A. Delle e Kristen R. Fellows, "Death and Burial at Marshall's Pen, a Jamaican Coffee Plantation, 1814-1839. Examining the End of Life at the End of Slavery", *Slavery & Abolition*, v. 35, n. 3, 2014. Ver também Betty Wood e T. R. Clayton, "Slave Birth, Death and Disease on Golden Grove Plantation, Jamaica, 1765-1810", *Slavery & Abolition*, v. 6, n. 2, 1985.

37. Amy Bride, "Dead or Alive. Racial Finance and the Corpse-Value of the African American Slave Body", *Journal of Historical Sociology*, v. 33, n. 1, 2020, pp. 99-115.

O mesmo quando o cadáver era vendido a um médico para dissecção. Era, assim, uma fonte de renda para o fazendeiro e um bem de capital para o médico.[38]

Na ordem social, essa dialética de estigmatização e excreção geralmente exige a implementação de diversos mecanismos de segregação. Só que não existe segregação sem que haja poderes capazes de manter sob seu jugo uma massa de corpos de abjeção.[39] Eles são vistos tanto como ferramentas quanto como reservatórios de substâncias vivas, ou mesmo como insumos. É nessa condição que são inseridos nos circuitos de trabalho e produção, convertidos em unidades de suprimento ou, simplesmente, superexplorados pelo capital. É possível, assim, fazer desses corpos dotados de propriedades físicas, ósseas ou líquidas, e de substâncias diversas, verdadeiros *equipamentos*. Também é possível obter deles fontes de extração de diferentes tipos de energia. Para que essa relação extrativista se cristalize, o corpo espacial deve coincidir com o corpo racial. Tudo, na verdade, precisa ser fixado em um interior estável e um exterior que possa ser expelido a qualquer momento.

Assim, o poder precisa constantemente dividir territórios e espaços em segmentos distintos. Esse zoneamento envolve o traçado infindável de fronteiras cambiantes, das quais ninguém consegue se esquivar. Quanto mais estriado e estratificado for o espaço, mais fácil será capturar os corpos e redistribuí-los ao longo de linhas de precarização, vulnerabilização e até mesmo de antecipação da morte. Mais fácil será também atingir seus sistemas de comando, seu sistema nervoso. E isso não envolve, afinal, entre outras coisas, obstruir as vias respiratórias, impedir o suprimento de sangue ao corpo e, com isso, de oxigênio aos órgãos vitais?

38. Daina Ramey Berry, *The Price for Their Pound of Flesh. The Value of the Enslaved, from Womb to Grave, in the Building of a Nation*. Boston: Beacon Press, 2017.

39. Ver Daniel Rood, *The Reinvention of Atlantic Slavery. Technology, Labor, Race and Capitalism in the Greater Caribbean*. Oxford: Oxford University Press, 2020.

O *apartheid* é um exemplo concreto das feições que assume um sistema de lenta asfixia: um complexo de barreiras, cercas, valas, arame farpado e muros, projetado para rastrear a presa e provocar, se necessário, bloqueios circulatórios.[40] Em teoria, a sociedade do *apartheid* se funda no princípio da separação absoluta das raças. Na prática, a sociedade do *apartheid* não é uma sociedade que nada congrega, mas, antes, é uma forma de organizar e administrar a disjunção. O que se pretende é que cada segmento racial constitua uma unidade pura e imediata. Na realidade dos fatos, cada segmento é intimamente dependente do outro, em conformidade com a *lei da inclusão disjuntiva*.[41]

Entre os diferentes segmentos, certamente existem laços de necessidade – bem como vínculos de dependência e relações de troca. Mas as relações são "arranjadas" de modo tal que jamais delas possa surgir continuidade ou estabilidade, pelo menos do tipo de continuidade espacial e estabilidade temporal capaz de servir de base para a ideia de uma *comunhão de bens*.[42] Tudo – espaço, lei, sociedade e trabalho – deve impedir o surgimento de uma imaginação compartilhada. É por isso que a violência política do regime do *apartheid* consiste na construção quase permanente de espaços perpassados por uma profusão de fronteiras distintas.

Fissuração espacial

Trata-se, pois, de ancorar a reflexão sobre os futuros da Terra em um duplo debate: de um lado, o debate sobre as formas paranoicas do poder, dominadas pelo impulso de agressão racial e pela

40. Hilton Judin e Ivan Vladislavic (orgs.), *Blank. Architecture, Apartheid and After*. Rotterdam: NAI Publishers, 1999.

41. Achille Mbembe, "Aesthetics of Superfluity", *Public Culture*, v. 16, n. 3, 2004, pp. 373-405.

42. Jacklyn Cock, "Disposable Nannies. Domestic Servants in the Political Economy of South Africa", *Review of African Political Economy*, v. 8, n. 21, 1981, pp. 63-83; Rebecca Ginsburg, "'Come in the Dark'. Domestic Workers and Their Rooms in Apartheid-Era Johannesburg, South Africa", *Perspectives in Vernacular Architecture*, v. 8, 2000, pp. 83-100.

fissuração territorial e, de outro, o debate sobre a circulação dos seres vivos e sobre as formas de sua extração e captura, precisamente num momento em que a vida é cada vez mais vista como a matéria-prima do capitalismo.[43]

Dessa perspectiva, a África, com sua multiplicidade e heteronomia, representa um rico laboratório. Trata-se, afinal, de um vasto continente, com pedaços de sua carne espalhados pelos quatro cantos do planeta.[44] Esse fenômeno de difusão e dispersão não é o equivalente perfeito da circulação pura e simples. A contrapelo de outras experiências, tampouco é o resultado de conquistas ou de qualquer expansionismo territorial, nos moldes da colonização de povoamento. Nem se trata de um êxodo propriamente dito. A disseminação, neste caso, é o resultado de uma série de deslocamentos internos, parcialmente inseridos na história do encontro entre as formações sociais africanas e o capitalismo.[45]

No cerne desse encontro figura o *comércio de escravos*, isto é, a criação de um vasto mercado baseado no tráfico de corpos vivos, convertidos em *corpos-energias* e em *corpos-matérias*.[46] Sujeitos ao sequestro e à captura, esses corpos-ferramentas eram extraídos de sociedades com elevado capital natural e reduzido capital tecnológico. Eram essenciais no contexto inédito do surgimento de um novo paradigma produtivo, cuja singularidade era gerar valor

43. Ver especialmente Cédric Parizot, "Viscous Spatialities. The Spaces of the Israeli Permit Regime of Access and Movement", *South Atlantic Quarterly*, v. 117, n. 1, 2018, pp. 21-42; Julie Peteet, "Closure's Temporality. The Cultural Politics of Time and Waiting", *South Atlantic Quarterly*, v. 117, n. 1, 2018, pp. 43-64.

44. Paul E. Lovejoy, *Slavery in the Global Diaspora of Africa*. Abingdon: Routledge, 2019.

45. As reflexões a seguir são parcialmente inspiradas em Joseph C. Miller, *Way of Death. Merchant Capitalism and the Angolan Slave Trade, 1730-1830*. Madison: University of Wisconsin Press, 1988; Jane Guyer, *Marginal Gains. Monetary Transactions in Atlantic Africa*. Chicago: Chicago University Press, 2004.

46. Sobre essa dinâmica, ver Henry A. Gemery e Jan S. Hogendorn (orgs.), *The Uncommon Market. Essays in the Economic History of the Atlantic Slave Trade*. Nova York: Academic Press, 1979.

a partir da matéria viva.[47] O objetivo era produzir riquezas a partir da força bruta, convertendo energia em trabalho e ampliando o tempo para lhe garantir densidade, consistência e duração.

Evidentemente, os corpos assim transformados em matéria e energia não são informes nem inertes, não são "músculo consumido, bom para usar e depois jogar fora, servindo apenas para produzir valor".[48] São vivos, ou seja, estão ativamente empenhados em transações complexas com os poderes vigentes. Isso se aplica, sobretudo, em relação à plantação, unidade simultaneamente doméstica e fabril.[49] Não são alheios à determinação desses poderes, que, aliás, são capazes de modificar, e profundamente, como atestam inúmeras rebeliões de escravos.[50] No final das contas, seu preço de compra é calculado em função de seu ciclo de vida. Se o fazendeiro está interessado no tempo de vida do escravo, é justamente porque esse prazo corresponde à duração efetiva do trabalho. É uma tentativa de reduzir a pessoa e a vida ao trabalho.

Com o comércio de corpos, o que se instaura não é apenas um sistema produtivo, mas também um sistema de cálculo.[51] O comércio de corpos exige a delimitação de um vasto campo de predação, extração e excreção, com a África em seu epicentro.[52] É aqui que se opera a drenagem, deixando em seu rastro uma considerável perda de vidas humanas.[53] Aqui, a pressão ecológica sempre foi considerada mínima, se não inexistente. A população

47. Joseph Miller, *Way of Death*, op. cit.

48. Yann Moulier-Boutang, "L'art de la fugue", *Vacarme*, n. 8, 15 maio 1999.

49. Richard Dunn, *A Tale of Two Plantations. Slave Life and Labor in Jamaica and Virginia*. Cambridge: Harvard University Press, 2014.

50. Vincent Brown, *Tacky's Revolt. The Story of an Atlantic Slave War*. Cambridge: Harvard University Press, 2021.

51. A respeito dos aspectos financeiros desse cálculo, ver Calvin Schermerhorn, "Slave Trading in a Republic of Credit. Financial Architecture of the US Slave Market, 1815-1840", *Slavery & Abolition*, v. 36, n. 4, 2015.

52. Colin A. Palmer, *Human Cargoes. The British Slave Trade to Spanish America, 1700-1739*. Urbana: University of Illinois Press, 1981.

53. Herbert S. Klein e Stanley L. Engerman, "Long-Term Trends in African Mortality in

submetida à escravidão era vista como o rendimento de um capital natural abundante. No Novo Mundo, o corpo e o trabalho do escravo permitiram superar a dupla limitação em termos de energia e tecnologia. Para as comunidades africanas que foram alvos diretos das punções escravagistas, o prejuízo pode ser medido no número de corpos removidos. A destruição também assumiu a forma de uma dilaceração e de uma fissão ecológica.[54] Ela não conduziu a nenhum processo intensivo de acumulação endógena.[55]

Em muitos casos, a guerra passou a definir o movimento, uma vez que foram implantadas formações sociais cuja única razão de ser eram as razias escravistas.[56] Os poderes vigentes têm se livrado das amarras internas que impediam as sociedades de se solapar, de colocar em risco ou até mesmo destruir as próprias condições de possibilidade.[57] Instituiu-se um regime da *produção inerte* e autofágica, caracterizado pela *perda de bens incalculáveis*, por seu esgotamento, muitas vezes sem esperança de compensação.[58] Resulta daí, se não uma ruptura, pelo menos um deslocamento significativo nas relações entre o material e o vital. Em contrapartida, abre-se a possibilidade de uma "violência que não funda nada e sobre a qual nada pode ser fundado".[59]

the Transatlantic Slave Trade", *Slavery & Abolition*, v. 18, n. 1, 1997; David Ellis e David Richardson, "West Africa and the Transatlantic Slave Trade. New Evidence of Long-Run Trends", *Slavery & Abolition*, v. 18, n. 1, 1997.

54. Ver William Beinart e Lotte Hughes, "Environmental Aspects of the Atlantic Slave Trade and Caribbean Plantations" *in*: William Beinart e Lotte Hughes, *Environment and Empire*. Oxford: Oxford University Press, 2007; James Fenske e Namrata Kala, "Climate, Ecosystem Resilience, and the Slave Trade", CEPR, 11 jun. 2013.

55. Ver Stanley B. Alpern, "What Africans Got for Their Slaves. A Master List of European Trade Goods", *History in Africa*, v. 22, 1995, pp. 5-43.

56. Robin Law, *The Slave Coast of West Africa, 1550-1750. The Impact of the Atlantic Slave Trade on an African Society*. Oxford: Clarendon Press, 1991. Ver também Robin Law, "Human Sacrifice in Precolonial West Africa", *African Affairs*, v. 84, n. 334, 1985, pp. 53-87.

57. Randy J. Sparks, *Where the Negroes Are Masters. An African Port in the Era of the Slave Trade*. Cambridge: Harvard University Press, 2014.

58. Mariana P. Candido, *An African Slaving Port and the Atlantic World. Benguela and Its Hinterland*. Nova York: Cambridge University Press, 2013.

59. Pierre Caye, *Critique de la destruction créatrice*. Paris: Les Belles Lettres, 2015, pp. 64-65.

Como já foi sugerido, restringir a mobilidade e bloquear as possibilidades de fuga são condições *sine qua non* da produção da raça, especialmente no contexto do trabalho servil ou dependente.[60] Seja voluntário ou involuntário, todo êxodo envolve causas que não apenas estão profundamente enraizadas, mas que muitas vezes são estruturais. É possível que nem todos os êxodos resultem na formação de diásporas, mas, na origem de todo êxodo, está uma cadeia de eventos que, por sua vez, acarreta um *deslocamento*. O que todo deslocamento põe em risco e o que é afetado por toda *des-localização* é, em última análise, uma possibilidade de vida. A cada movimento, forçado ou não, é uma possibilidade de reprodução da vida que se abre, que é renovada ou que se fecha. É um circuito vital que se esgota ou se potencializa. Mas isso não é tudo. Saber como cada sociedade produz seus resíduos é uma questão que leva necessariamente a outra, a das estruturas vitais e dos metabolismos sociais específicos de cada comunidade humana.

Em grande medida, toda sociedade se limita a ativar ou bloquear possibilidades já contidas nela. Isso não significa que essas possibilidades sejam determinadas de antemão, de uma vez por todas. Algumas sociedades deram provas de uma notável capacidade de se desafiar, de constantemente tentar identificar *sua contraparte* e de perseverar junto a ela. Outras abriram espaço em seu seio para tudo o que permitia questionar suas categorias fundamentais, constitutivas de sua existência.

Existem sociedades cujos metabolismos se organizam em torno do desejo de conquista. Veem a vida como uma dinâmica de exposição positiva ao desconhecido e ao risco. Não hesitam em arriscar suas vidas e, com isso, “se mover”. Desenvolvem mecanismos de expansão que lhes permitem sair de si mesmas, manter-se em movimento e fincar pé em lugares distantes, por

60. Yann Moulier-Boutang, *De l’esclavage au salariat. Économie historique du salariat bride*. Paris: Presses Universitaires de France, 1998.

vezes como cópias exatas da original. Levando tudo em conta, apesar das tentativas de duplicar uma matriz original, nenhuma delas chegou a ser realmente uma réplica fiel da original. Do ponto de vista tanto da sociedade quanto da cultura, a creolidade e o sincretismo sempre prevaleceram.

Outras sociedades se organizam em torno do desejo de retraimento. Procuram se reproduzir segundo leis fundamentalmente endógenas, calcadas numa lógica de pureza e endogamia. Privilegiam a comunidade de origem e o enraizamento em suas estruturas vitais. Traçam um círculo à sua volta como seu espaço de vivência. O que quer que ocorra fora desses limites é percebido como fonte de insegurança e perturbação. É assim que pretendem manter-se vivos, satisfazer suas necessidades e responder às demandas do seu entorno. Não existe, porém, nenhuma sociedade que extraia todas as suas determinações exclusivamente de um corpo estranho, de algo alheio.

Dialética da vitalidade e da mobilidade

Ao estudá-las mais detidamente e no longo prazo, somos levados a concluir que as sociedades africanas sistematicamente favoreceram modalidades de metabolismo social que, de forma dialética e muitas vezes paradoxal, associam a vitalidade à mobilidade.[61] Sob essa ótica, é significativa a prevalência, em seus contos e mitos, de figurações do movimento tanto múltiplas quanto complexas.[62] Mover-se é, nas antigas metafísicas africanas, o principal atributo dos seres vivos. O sujeito vivo é, por excelência, um ser em movimento.

61. Susan C. Anton e Carl C. Swisher, "Early Dispersals of Homo from Africa", *Annual Review of Anthropology*, v. 33, 2004, pp. 271-296. Ver também Roger Blench, *Archaeology, Language, and the African Past*. Lanham: Altamira Press, 2006.

62. G. Camps, "Beginning of Pastoralism and Cultivation in North-West Africa and the Sahara Origins of the Berbers" *in*: J. Desmond Clarck (org.), *The Cambridge History of Africa, v. 1: From the Earliest Times to c. 500* BC. Caambridge: Cambridge University Press, pp. 548-623; Pierre de Maret, "Archaeologies of the Bantu Expansion" *in*: Peter Mitchell e Paul Lane (orgs.), *Oxford Handbook of African Archaeology*. Oxford: Oxford University Press, 2003.

De fato, percepção e movimento caminham lado a lado e ser vivo é, por definição, ser movente. Aliás, não existe um modo de ser vivo que seja regido pela segurança e outro que seja regido pelo risco. Claro que a autoctonia visa conferir uma base segura ao sujeito humano e por isso é celebrada. Mas nunca será sinônimo de imobilidade. Da mesma forma, é sabido que a segurança só pode ser encontrada no movimento e que a vida só pode ser vivida como um teste, isto é, como um risco assumido. E é assumindo riscos – entre os quais o da errância – que nos mantemos vivos.

A dialética da vitalidade e da mobilidade evoluiu de acordo com os períodos históricos, com os métodos locais de captação da matéria orgânica em ecossistemas específicos e com as formas de organização política (reinos, impérios, sociedades, linhagens etc.).[63] Quaisquer que sejam as variações, a relação móvel com o meio ambiente tem sido uma das forças motrizes subjacentes à estruturação de *redes e trocas de longa distância* e, conforme o caso, à produção de diásporas.[64] A partir do século XVI, com a gênese do capitalismo comercial centrado na bacia do Atlântico, novas dinâmicas surgiram e se sobrepuseram às dinâmicas transaarianas e índicas.[65]

Como uma das formas assumidas pelo metabolismo social, a mobilidade se traduz, dentro das comunidades, na expulsão periódica de parte de suas forças fundamentais, de seus recursos

63. Ver Ralph Austen, *Trans-Saharan Africa in World History*. Oxford: Oxford University Press, 2010; Ghislaine Lydon, *On Trans-Saharan Trails. Islamic Law, Trade Networks, and Cross-Cultural Exchange in Nineteenth-Century Western Africa*. Cambridge: Cambridge University Press, 2009; Stephen Rockel, "'A Nation of Porters'. The Nyamwezi and the Labour Market in Nineteenth-Century Tanzania", *The Journal of African History*, v. 41, n. 2, 2000, pp. 173-195.

64. Camille Lefebvre, *Frontières de sable, frontières de papier. Histoire de territoires et de frontières, du jihad de Sokoto à la colonisation française du Niger, XIX-XX siècles*. Paris: Publications de la Sorbonne, 2015.

65. Benedetta Rossi (org.), *Reconfiguring Slavery. West African Trajectories*. Liverpool: Liverpool University Press, 2009; Elizabeth Savage (org.), *The Human Commodity. Perspectives on the Trans-Saharan Slave Trade*. Londres: Frank Cass, 1992; John Hunwick e Eve Trout-Powell (orgs.), *The African Diaspora in the Mediterranean Lands of Islam*. Princeton: Markus Wiener, 2002; e Richard Allen, *European Slave Trading in the Indian Ocean, 1500-1850*. Athens: Ohio University Press, 2015.

cruciais, no dispêndio ou na dilapidação de seus ativos ou em sua captura e extração em proveito de entidades distantes e poderosas. A esse modelo damos o nome de *modelo do dispêndio*. É típico das comunidades que não temem se dispersar. E diametralmente oposto ao *modelo da defesa e da expansão vertical, da conquista e da apropriação*. Embora fosse de se esperar que, no cálculo global da vida e da reprodução, cada unidade de potência buscasse reter para si o essencial de suas forças fundamentais, de seus recursos raros e de seus bens intrínsecos, no caso africano, o metabolismo social não se organiza em torno da vontade ou *capacidade de reter, e sim da pulsão de expulsar*. A questão é saber por quê. E a resposta não foge muito da que Pierre Clastres formulou para as sociedades amazônicas em *A sociedade contra o Estado*.[66] No nosso caso, não se trata apenas de *sociedades contra o Estado*, mas também de sociedades cujo metabolismo social é sistemicamente direcionado contra a acumulação.

A essas dinâmicas endógenas somam-se os processos históricos de *dilaceração* provocados pelo tráfico transatlântico de escravos a partir do século XVI. Assim como o tráfico transaariano que o precedeu, o tráfico transatlântico levou à formação de grandes ondas diaspóricas africanas no Novo Mundo a partir dessa época. A geração das primeiras diásporas africanas modernas ocorreu, portanto, à sombra das lógicas de dilaceração inerentes ao capitalismo e das lógicas de não retenção e de expulsão típicas das formas endógenas de metabolismo social. Na interface dessas duas lógicas, as forças bioambientais e demográficas desempenharam um papel decisivo, junto a outros fatores de peso, como a tecnologia.

Quando se fala em "diásporas", portanto, deve-se ter em mente um modo de disseminação, redistribuição e repovoamento.

66. Pierre Clastres, *A sociedade contra o Estado: pesquisas de antropologia política*. Trad. Theo Santiago. Francisco Alves: Rio de Janeiro, 1978 [*La société contre l'État: Recherches d'anthropologie politique*. Paris: Les Éditions de Minuit, 1974]. [N. T.]

As "diásporas" consistem também em "coletivos" mais ou menos constituídos, mais ou menos lábeis, e que se estabeleceram em várias partes do mundo ao longo do tempo, muitas vezes em ondas sucessivas. Em muitos lugares, acabam por ser alocadas em ambientes inóspitos e em enclaves mais ou menos fechados. São lugares que dificilmente lhes permitem suprir suas necessidades vitais. A plantação é um exemplo disso. Não se trata apenas de uma unidade de produção. É também um *terreno biológico*. No mundo da plantação, aos escravos é exigido o emprego de sua força muscular, de seus membros e de seus órgãos sensoriais. Embora sua mobilidade seja rigorosamente restrita, suas capacidades físicas sensório-motoras são intensamente ativadas para atender às demandas do trabalho.

No âmbito da plantação, o trabalho é um elemento-chave na dinâmica sensório-motora e recursiva do corpo da pessoa escravizada. Seu trabalho contribui para o nascimento do mundo vivo. É também por meio desse trabalho que todo um mundo é criado e que, entre os seres vivos e o meio ambiente, uma comunidade subjetiva é engendrada. De mais a mais, existe na plantação algo próximo a um campo de trabalho relativamente permanente, que remete à realidade de uma existência precária.[67] Essas comunidades, muitas vezes dispersas, foram mais ou menos integradas aos Estados nacionais que as acolheram ou toleraram, e dentro dos quais acabaram desenvolvendo infraestruturas e instituições próprias. Ao longo da história, essas modalidades de auto-organização frequentemente assumem a forma de redes associativas, familiares, religiosas e comerciais. A maioria delas serve ao propósito de prestar ajuda mútua e solidariedade.

67. Judith Butler, "Vida precária". Trad. Angelo Marcelo Vasco. *Contemporânea*, n. 1, jan.-jun. 2011, pp. 13-33 [*Vie précaire. Les pouvoirs du deuil et de la violence après le 11 septembre 2001*. Paris: Amsterdam, 2005; *Precarious Life: The Powers of Morning and Violence*. Londres/Nova York: Verso, 2004].

Outras, e não raro as mesmas, dedicam-se a promover o bem-estar e a segurança de seus membros ou a defesa de seus interesses no espaço público. É por meio desses circuitos que a vida comunitária e suas energias circulam, que as dívidas de vida são contraídas, que novas práticas de desvulnerabilização ocorrem, que se aprende a lidar coletivamente com a precariedade e a incerteza e que novas formas de parentesco e pertencimento afloram ou são reinventadas. São redes principalmente locais. Algumas, porém, atravessam distâncias relativamente grandes. No âmbito desses circuitos, produz-se todo tipo de "bens comuns", sem os quais a vulnerabilidade e a precariedade abreviariam o tempo de vida; e também aqueles que permitem nutrir o desejo de reconhecimento, a aspiração à dignidade e a demanda por comunhão. Não se trata apenas de bens materiais, mas também de bens simbólicos, subsídios para uma existência compartilhada, destinados a saldar todo tipo de dívidas – dívidas de solidariedade, de proteção, de cuidado – e a cumprir a lei da redistribuição e da partilha. Com a mobilização de todos esses recursos, nasce um sentimento de pertença e identidade, e é isso que cria uma diáspora.

Ela se assenta, na verdade, sobre uma impossibilidade, a impossibilidade de uma correspondência exata entre, de um lado, o dado biológico e cultural (*a lei do sangue*), de outro, o dado territorial (*a lei do solo*) e, por fim, a lei do tempo. De fato, para que exista uma diáspora, é preciso que a tensão entre essas três leis – a do sangue, a do solo e a do tempo – seja continuamente mantida e que nenhuma delas se sobreponha inteiramente à outra. Em outras palavras, a questão do pertencimento deve permanecer sempre em aberto, nunca sujeita a uma solução definitiva.

O caso africano é emblemático nesse sentido. Por um lado, a África existe efetivamente como realidade territorial, geográfica e continental, mas não é um Estado, pois é constituída por uma miríade de Estados nacionais. Desse ponto de vista, e supondo que os negros sejam, no sentido mais amplo do termo, um povo, seriam então um povo de múltiplos Estados ou um povo composto de múltiplas nacionalidades. Por outro lado, a África não é habitada apenas por negros. Diversos outros grupos aqui encontraram refúgio ou atrelaram seu destino ao da África. Nessa história, o Atlântico ocupa uma posição dominante. Sua travessia está na origem da formação das diásporas negras modernas. A partir dos Estados Unidos, mas também do Caribe, essas diásporas, por sua vez, reinventaram a ideia de África e, ao fazê-lo, contribuíram para o surgimento do pan-africanismo e para a emergência de um internacionalismo negro cuja relação com outros internacionalismos se mostrou muito complexa.[68]

O Atlântico, contudo, não foi o único vetor de disseminação. Embora a "Passagem do Meio" (a deportação transatlântica de escravos) seja efetivamente o símbolo de uma perda incalculável, situa-se também na origem de novas figuras da comunidade, que emergiram à sombra de um possível desaparecimento ou, em todo caso, de uma evidente disjunção. Ao mesmo tempo, elas incessantemente incitam à recomposição, seguindo o princípio da remontagem e da refundação.

68. Ver Monique Bedasse, Kim D. Butler, Carlos Fernandes, Dennis Laumann, Tejasvi Nagajara, Benjamin Talton e Kira Thurman, "AHR Conversation: Black Internationalism", *The American Historical Review*, v. 125, n. 5, dez. 2020, pp. 1 699-1 739.

Capítulo 2

TOMADA DE TERRAS

Os termos de propriedade da terra, contudo, estão em constante mudança. Na segunda metade do século xx, uma corrida frenética para açambarcar terras foi desencadeada por poderosas empresas multinacionais. Milhões de hectares de terra foram alienados em escala maciça. Outrora utilizados principalmente para a agricultura de subsistência, agora estão sendo integrados ao comércio de matérias-primas alimentícias. Algumas dessas áreas foram destinadas à extração de madeira, à produção de agrocombustíveis como a soja, a cana-de-açúcar, o óleo de palma ou a mamona, que é transformada em óleo para a produção industrial. Dezenas, se não centenas de milhares, de hectares são também destinados a plantações de borracha ou milho. Com a ajuda da especulação financeira, e muitas vezes com o apoio de instituições internacionais, uma nova plantocracia vem gradativamente comandando um novo tipo de transição da agricultura de gêneros alimentícios para o cultivo de agrocombustíveis. Graças a essas mesmas instituições internacionais e com base em acordos desiguais, seus ativos e investimentos financeiros são garantidos contra riscos políticos.[1]

Além das grandes superfícies agrícolas propriamente ditas, são visados também os metais raros e outros recursos naturais. Isso se aplica especialmente às florestas, à água e aos minérios. Nem mesmo os mares são poupados. Recifes de coral, zonas costeiras, estuários e lagunas, deltas, pântanos e manguezais vêm cada vez mais sendo submetidos ao controle de poderosos interesses privados. Sequer os fundos marinhos representam uma

1. Ver Laurent Delcourt (org.), *Emprise et empreinte de l'agrobusiness*. Paris: Syllepse, 2012.

exceção. Três tipos de recursos minerais estão implicados. Primeiro, os nódulos de manganês, ou nódulos polimetálicos, encontrados nas planícies abissais com baixas taxas de sedimentação. Esses nódulos são ricos em minérios de terras raras, como níquel, cobalto e cobre, e também podem conter zinco, zircônio, lítio, platina, titânio e outros elementos de altíssimo valor. Os campos de nódulos polimetálicos também abrigam um grande número de peixes e mamíferos marinhos. Em seguida estão os sulfetos polimetálicos, refúgio de biocenoses únicas, que se distinguem por possuir bactérias dependentes de enxofre na base de sua cadeia alimentar. Acredita-se que essas biocenoses quimiossintéticas originaram a vida na Terra. Por fim, temos as crostas de cobalto, um substrato no qual vivem animais filtradores que se alimentam das águas ricas formadas pelas correntes que contornam os montes submarinos.[2] Assim, populações inteiras que viviam da pesca são privadas de seus meios de subsistência. Pouco a pouco, a porta se abre para a financeirização dos oceanos.

Isso é feito por meio de pisciculturas gigantescas, seja de salmão ou camarão, ou então por meio de perfurações. A financeirização também afeta o vastíssimo estoque de carbono dos ecossistemas costeiros, das marismas, dos manguezais e dos bancos de algas.[3] São oferecidos nos mercados financeiros os chamados "bônus azuis", que se somam aos ditos "bônus verdes". A ideia é que a proteção dos oceanos e uma melhor governança dos recursos marinhos podem ser alcançadas com mais sucesso sob a égide do capital financeiro de grande escala.

2. Andrew Chin e Katelyn Hari, "Predicting the Impacts of Mining of Deep-Sea Polymetallic Nodules in the Pacific Ocean. A Review of Scientific Literature", Deep-Sea Campaign and MiningWatch Canada, 2020. Disponível em: *miningwatch.ca*.

3. Ver "Blue Carbon Initiative", colaboração entre a União Internacional para a Conservação da Natureza (UICN), a Conservação Internacional (CI) e a Comissão Oceanográfica Intergovernamental da Organização das Nações Unidas para a Educação, a Ciência e a Cultura (COI-Unesco). Disponível em: *thebluecarboninitiative.org*.

Além dessas mudanças, um pequeno grupo de poderosas empresas está gradualmente assumindo o controle dos recursos haliêuticos. Isso é obtido graças ao domínio das cadeias de produção, começando pela criação de peixes (salmão, perca-do-nilo, atum-rabilho fresco, óleo de peixes ricos em Ômega-3 etc.) ou de camarões, ou seu beneficiamento em conservas. De resto, a captura ou "a extração de recursos haliêuticos se baseia em grande parte na pesca de alto-mar com redes de arrasto de fundo que destroem os fundos marinhos".[4]

Por conseguinte, o mercado aquícola é dominado por algumas multinacionais da pesca (Marine Harvest na Noruega, Nippon Suisan Kaisha no Japão, Pescanova na Espanha) e por grandes varejistas. Cada vez mais, carpas, tilápias, pangas, amêijoas, camarões e salmões vêm sendo cultivados em escala industrial. Esses peixes provenientes da aquicultura são despejados nos cursos de água doce e nos oceanos, onde ameaçam os peixes selvagens. O resultado é uma interferência duradoura nos ecossistemas. "A poluição gerada pela descarga de produtos químicos, matéria fecal e ração de peixes no ambiente aquático – produtos químicos anti-incrustantes, antibióticos, corantes e toneladas de nitrogênio e fósforo – favorece a proliferação de algas tóxicas".[5]

Mas isso não é tudo. Rara na natureza, a reprodução cruzada entre espécies tem sido praticada de forma cada vez mais frequente nos laboratórios tecnológicos. Novos peixes transgênicos vêm sendo criados em tanques especializados. É o caso, por exemplo, da transmissão de um gene da enguia para peixes metade salmão e metade truta. Os mesmos experimentos transgênicos

4. Ver Sophie Chapelle, "Des millions de pêcheurs artisanaux menacés par l'"accaparement des mers"", *Observatoire des multinationales*, 29 set. 2014. Disponível em: *multinationales.org*.
5. Ibid.

vêm ocorrendo com animais. Porcos geneticamente alterados com genes de ratos, galinhas, cabras e coelhos têm sido submetidos a modificações nos laboratórios de biotecnologia.[6]

Longe da África, na Antártida, por exemplo, correntes quentes infiltram-se sob a corrente circumpolar e atingem o gelo abaixo da superfície. As plataformas de gelo vêm sofrendo constantes perdas de superfície e volume. Uma imensa parcela da calota glacial encontra-se irreversivelmente desestabilizada. Isso levará inevitavelmente a um aumento do nível dos mares e oceanos. A exploração dos recursos do subsolo também se intensificou, na medida em que as propriedades fundiárias assim adquiridas não foram utilizadas como garantia na especulação relacionada com os mercados de carbono. Muito frequentemente, em países já afetados pela fome e pela pobreza, vastas áreas passaram a ser anexadas pelo cultivo industrial intensivo. Surgiu uma nova categoria de proprietários de terras, composta por empresas privadas e públicas, estados, fundos soberanos ou investimentos voltados à produção de diesel à base de soja, energia extraída da biomassa ou para o comércio de metais ou *commodities* alimentícias.

Concomitantemente, multinacionais especializadas no setor da biotecnologia têm patenteado e privatizado variedades ancestrais de sementes, enquanto muitos governos vêm abandonando a operação de bancos de genes. Com isso, abre-se a porta para a privatização progressiva dos repositórios de sementes. Assim, os saberes ancestrais que durante séculos permitiram a seleção de variedades adaptadas às necessidades locais estão desaparecendo. E, com eles, uma grande parte da agricultura orgânica.

É importante situar essas transformações no contexto da intensificação tecnológica dos modos de produção. No fundo, o que está

6. Agnès Rousseaux, "Des poissons OGM toujours plus gros et plus voraces", *Bastamag*, 31 maio 2013 e "Ces animaux mutants que la cuisine génétique vous prépare", *Bastamag*, 30 jan. 2012.

em questão não é libertar a natureza das amarras que a prendem ao ser humano, como pretendem algumas correntes de pensamento, tais como a corrente ecomodernista. E menos ainda renovar o pensamento conservacionista da natureza. Tampouco é uma questão de consumar o domínio da humanidade sobre o resto da criação. A ideia é que, graças ao poderio tecnológico, a humanidade tem condições de superar tudo, inclusive a própria noção de limites. É capaz de produzir sempre mais em espaços já de antemão restritos. E não tem débitos acumulados com nada nem ninguém.

Poder metamórfico

A relação com a terra nunca foi apenas econômica. Trata-se de uma relação de troca quase existencial, pois, ao mesmo tempo em que se imprime em nós, a matéria que constitui a Terra recebe nossas impressões, nossa memória e nossos vestígios, os restos materiais de corpos desaparecidos, os corpos de todos e todas que, nascidos da terra, a ela retornaram. É o que faz da Terra carne, pele e corpo dos ancestrais. É também o que faz da morte uma libação. Na terra, símbolo da permanência, o ser se livra de seu corpo, um invólucro perecível, e se estabiliza. Se de fato é verdade que morrer é ingressar na Terra, ou ascender em eflúvio aos céus, então a morte é, *in fine*, uma forma de nutrir a Terra e o cosmos. Tem por função reafirmar o princípio da consubstancialidade entre o solo e a pessoa humana.[7]

Como lembra Tania Murray Li, porém, a Terra "não é como um tapete. Não podemos enrolá-la e levá-la conosco".[8] Em seu

7. Ver especialmente Grégoire Schlemmer, "Mémoire de la terre et traces du futur. La lecture des traces des morts et du gibier chez les Kulung Rai du Népal" *in*: Renée Koch-Piettre, Odile Journet e Danouta Liberski-Bagnoud (orgs.), *Mémoires de la Terre. Études anciennes et comparées*. Grenoble: Jérôme Millon, 2019, pp. 45-57.
8. Tania Murray Li, "Qu'est-ce que la terre? Assemblage d'une ressource et investissement mondial", *Tracés. Revue des Sciences humaines*, n. 33, 2017, pp. 19-48.

sentido mais amplo, aquele que empregamos aqui, a Terra é justamente algo por onde só podemos passar. É apenas em caráter temporário que a podemos habitar ou fisicamente nela permanecer, após o que somente os traços ou marcas dessa passagem falam por nós, em memória de quem tivermos sido, com os outros, em meio a eles. Nossa relação fundamental com a Terra é, portanto, a do *passante*. É na condição de passante que ela nos acolhe e nos abriga. É também na condição de passante que ela preserva os traços da nossa passagem e, em última instância, talvez seja essa tensão entre estadia e *temporalidade*, passagem e permanência, que lhe confere o caráter de um enigma indecifrável que a ideologia da propriedade obstinadamente se recusa a admitir.

A Terra, aliás, não existe enquanto entidade política naturalmente constituída. Com efeito, não existe povo da Terra, nem nação da Terra, nem governo da Terra, nem parlamento da Terra, nem assembleia da Terra, nem exército da Terra nem polícia da Terra. A Terra enquanto unidade política global só existe como utopia. Deve ser imaginada, convocada, reunida, criada e animada. No plano político, o nome Terra é uma utopia, talvez a última utopia. Esse nome sempre se referirá a uma realidade inatingível, a um tempo que está sempre à nossa frente, a um espaço que se opõe em todos os sentidos ao dos Estados, irredutível ao dos impérios e nações e seus incontáveis muros, fronteiras e confinamentos. É, e sempre será, o nome de um sujeito *a ser composto* e, consequentemente, de uma disputa que jamais será resolvida de forma definitiva, disputa que contrapõe uns aos outros todos os seus componentes, incluindo os humanos.

Dois outros aspectos de grande importância devem ser acrescentados a essa função utópica. A dimensão política da Terra não se revela apenas àqueles e àquelas que lutam para dominá-la, que a ocupam e nela se estabelecem. Também está presente em sua densidade material, e com isso nos referimos à sua extensão, suas superfícies intensivas, naquilo de que ela é capaz e, sobretudo, naquilo que ela abriga, naquilo que ela contém, seus materiais e substâncias, incluindo os oriundos de seu solo e subsolo, em suma, os tesouros escondidos em suas entranhas.

É a vida desses materiais, dessa energia e de outras substâncias, inclusive magnéticas e atmosféricas, que dá ao elemento terrestre sua forma exata, sua potência subterrânea e, acima de tudo, sua duração. É também o que confere à Terra os atributos de forja e celeiro, de ventre e caverna, de lar e refúgio, e a torna equivalente ao que caberia chamarmos de *reservas, um reservatório geral de vida*, algo que é incessantemente enfatizado nos antigos mitos africanos. E é justamente por ser um reservatório geral de vida que ela se distingue de outros planetas.

Além do solo e da madeira, da pedra, da argila e da poeira, do ferro e outros metais, do ar, do fogo e da água, existe um poder metamórfico que anima a matéria terrestre, um poder que lhe confere uma certa consistência, solidez e estabilidade. Ao mesmo tempo força e energia, é o mesmo poder vital que está na origem de suas substâncias. Duras, moles, líquidas, vulcânicas ou aéreas, móveis ou imóveis, por vezes efêmeras, ora incandescentes ou glaciais, e sempre fugidias, essas substâncias despertaram nos seres humanos o que Gaston Bachelard chamou de "alegrias musculares",[9] e é também esse o outro nome que conviria darmos ao gesto técnico, que, pelo menos na África antiga, jamais esteve separado daquela outra instância, a palavra. Assim, lidar com os futuros da Terra também significa olhar para o futuro da tecnologia e, portanto, para as conexões entre a espécie humana e toda a extensão do mundo vivo.

Durante muito tempo, a tecnologia teve o propósito de libertar a humanidade não só dos ambientes naturais, mas também dos

9. Gaston Bachelard, *La Terre et les rêveries de la volonté*. Paris: J. Corti, 1948 [*A Terra e os devaneios da vontade: ensaio sobre a imaginação das forças*, Trad. Maria Ermantina de Almeida Prado Galvão. São Paulo: Martins Fontes, 2013].

sobrenaturais. Em sua análise do que chama de "a gesticulação técnica própria do homem", André Leroi-Gourhan atribui uma posição fulcral às ações ditas de preensão, depois de ter previamente esclarecido que os humanos compartilham tais ações com toda uma categoria de mamíferos, desde roedores até carnívoros. "Os grandes símios", segundo ele, "agarram, tocam, pegam, amassam, descascam, manipulam; rasgam entre os dedos e os dentes, moem com os molares, cortam com os incisivos, perfuram com os caninos, esmagam com os punhos, arranham e escavam com as unhas".[10] Mas suas mãos não são totalmente livres.

Se grande parte do contato entre o ser humano e a matéria girava outrora em torno da mão, do fogo e de sua domesticação, o projeto de libertação em relação ao meio ambiente natural gira hoje em torno da computação, que está se tornando nosso novo aparelho fisiológico, a peça fundamental da nova *conjunção geral* constituída pela Terra e pelos seres vivos. A prova incandescente do fogo assumiu a forma do cálculo, do computador e das imagens desmaterializadas, e ao velho edifício terrestre veio se juntar um mundo dilatado, que busca, se não se libertar de todos os limites, pelo menos abranger todas as partes do corpo terrestre e seus componentes, sejam eles marinhos e subterrâneos ou aeromagnéticos e atmosféricos.

Seríamos, assim, testemunhas do surgimento de uma segunda Terra ou de uma excrescência da primeira Terra? Supondo que surgisse uma segunda Terra, ela não seria um mero desdobramento da primeira. E, sobretudo, ela não estaria mais encoberta pelo grosso manto mitológico que revestia a primeira. Esta primeira Terra de limo, argila e calcário fazia parte não só do universo e do cosmos, mas principalmente dos mistérios do mundo, de sua dimensão insondável. Parte da aventura humana – a con-

10. André Leroi-Gourhan, *Le Geste et la Parole. II. La mémoire et les rythmes*. Paris: Albin Michel, p. 40 [*O gesto e a palavra 2. Memórias e ritmos*. Lisboa: Edições 70, 2002].

quista do que havia de desconhecido na Terra – consistiu justamente em descobri-la, desde seu centro até seus confins mais extremos. Acreditava-se que era necessário conhecê-la para poder estabelecer, de uma vez por todas, a fronteira entre o humano, o mundo natural e o sobrenatural. O pensamento calculante se incumbiu de traçar essa fronteira, depositária de uma matéria inerte cuja exploração coube à tecnologia viabilizar.

Hoje, a primeira Terra já não se basta a si mesma. Agora ela é chamada a se projetar e então se desdobrar em um aparato externalizado que atue simultaneamente como seu dispositivo ao mesmo tempo osteomuscular e nervoso. Ou talvez esse aparato artificial e externalizado seja agora seu cérebro e seu invólucro, o meio pelo qual, assentada em sua materialidade, mas, ao mesmo tempo, liberta de sua aderência material, pode finalmente se desdobrar como uma cadeia infinita de símbolos, códigos, algoritmos? Não importa. Um destravamento está em curso. A tecnosfera agora é uma dimensão estruturante da biosfera. A faculdade de simbolização não é mais propriedade exclusiva do cérebro humano. Desse destravamento talvez surja um mundo totalmente novo, onde a tecnologia, a biologia e a genética se tornarão uma só, e tanto a linguagem quanto a faculdade de simbolização serão compartilhadas entre a inteligência humana e a das máquinas e de outros órgãos artificiais.

Epocais que são, tais mudanças vêm ocorrendo enquanto ainda predomina a ideia de que a Terra pertence à esfera das coisas passíveis de conquista e apropriação.[11] Como coisa neutra e matéria inanimada, ela seria fundamentalmente vacante. O direito à terra derivaria do exercício da força, da instalação de cercamentos de todo tipo. Contudo, o fato de estar originalmente vinculada àquilo que é desprovido de fala, calculável e apropriável não é de forma alguma universal. No antigo pensamento africano, por exemplo, a reticulação do universo se realizava por meio da fala.

11. Carl Schmitt, O nomos *da Terra*, op. cit.

Era esse o nome que davam às diferentes categorias de seres e às formas, à infinidade de objetos confeccionados pelos humanos desde a libertação da mão e o destravamento do cérebro, aos ritmos, às linguagens e aos símbolos. O mesmo se aplicava aos gestos e à fala, às estações e aos dias. Conjuntamente, estes e outros elementos *preenchiam* a Terra. Nela habitavam e participavam de sua respiração. No decorrer da própria vida, contribuíam para seu movimento geral, sua *animação* e sua vibração. Não constituíam, porém, bens propriamente ditos, nem tampouco capital no sentido clássico do termo. Pertenciam ao que se poderia chamar de reservas, ou de *multiplicidade*. A Terra, *vibratorium* tanto quanto *sensorium* por excelência, era seu envoltório e morada, seu celeiro.[12]

Não havia, portanto, um mundo de símbolos e linguagem de um lado e um mundo de atividades técnicas de outro. Uma relação conjugal ligava um ao outro. E do casamento e do contato consciente e refletido entre ambos – a armação corporal e o dispositivo psiconervoso – nasceram o desdobramento e a hibridização, duas modalidades privilegiadas do *animado*. Nem os objetos nem os símbolos serviam apenas para fins práticos. Cada objeto e cada símbolo tinha sua própria personalidade. Mas também pertenciam a uma *família*, na medida em que um parentesco essencial ligava tudo a tudo. Ao longo dessa cadeia vital, os mortos e os antepassados ocupavam uma posição de destaque, assim como a água, o Sol, as rochas, as plantas, os peixes, os animais, os pássaros, os espíritos, para não mencionar todos aqueles e todas aquelas que ainda não haviam nascido.

Cada objeto interferia na ação humana. A individualidade dos objetos também decorria de sua forma, de seu modo de inscrição em relações de troca recíprocas e invariavelmente frágeis com outros objetos (os objetos entre si) e com os humanos, com a cadeia dos viventes (da qual os mortos também faziam parte).

12. Ver, por exemplo, Marcel Griaule, *Dieu d'eau*, op. cit.

Cada objeto era capaz de causar efeitos e, nesse sentido, dotado de autonomia. Podia ser instrumental. Era, portanto, *animado*, ou seja, estava exposto ao risco de decomposição, findo o qual era descartado, ou, mais precisamente, passava de uma forma a outra, o mesmo objeto mas diferente, um objeto inédito e ainda assim reconhecível por ser familiar.

Saber compor os conjuntos, mas também saber reciclar ou descartar coisas aparentemente ultrapassadas, era tão importante quanto saber compartilhar a sua fruição. Onde existia, o direito de propriedade só era válido se estivesse fundado na garantia de que aquilo que fosse plenamente desfrutado de modo algum tivesse sido tirado dos outros. Mais ainda, *abrir espaço para o resto* era mais importante do que possuir para si mesmo. Pois aquilo que tivéssemos tirado dos outros, sob arrogação ou açambarcamento, outros poderiam tirar de nós ou se assenhorar.

O direito de propriedade não era incontestável. Mais do que isso, a Terra era uma daquelas entidades animadas que não podiam ser apropriadas por ninguém em particular. Não porque fosse uma coisa comum, mas porque era um recurso genético, que por definição gerava vida e era dotada da capacidade de respiração, e ninguém detinha o monopólio da vida e da respiração. Estas não dependiam da posse de uma imensa quantidade de objetos, mas de um saber que, passando pelos objetos, tinha seu fundamento *na qualidade do vínculo social e comunitário e na capacidade de abrir espaço para o resto.*

O corpo desmembrado

A era dos arcos, bestas, armadilhas e roldanas ficou para trás. Assim como a das carroças, da charrua, do moinho e das máquinas de tração animal. O poder dos rios, a força do vento e a rigidez do metal foram em grande medida conquistados. Hoje, tudo gira em torno da aceleração, das tentaculares redes de conexões que envolvem o mundo inteiro, da inexorável mecânica da velocidade e da desmaterialização. É na computação que ora se supõe residir o futuro dos agrupamentos humanos e da produção material, bem como o do mundo vivo. Graças à lógica onipresente, à circulação de alta velocidade e à memória em massa, diz-se hoje em dia que bastará "transferir para uma cópia digital todas as competências dos seres vivos" e a história terá sido definitivamente revirada.[13] Mas para onde, se não para um novo estágio na evolução biológica da humanidade?

Não foi há pouco que André Leroi-Gourhan sugeriu que certos estágios da evolução tecnológica deveriam ser considerados como estágios biológicos essenciais?[14] Os seres humanos passaram por esse estágio durante o qual "as operações dígito-palmares de apreensão, de contato afetuoso ou hostil, de amassadura ou de uso da mão como recipiente" foram "fundamentais para as técnicas de mão livre", bem como para outras que exigiam "uma certa finura na execução, como o trabalho com as fibras".[15] Diferente dos primatas, contudo, suas mãos não permitiam apenas os movimentos de preensão, rotação e translação. Livres durante a caminhada ereta, eram mais do que um mero dispositivo osteomuscular. Graças ao desenvolvimento do aparato cerebral e do sistema nervoso, deixaram "de ser ferramenta para se tornarem motor".[16] As operações de corte, trituração, moldagem, raspagem e escavação podiam doravante ser transferidas para as ferramentas.

Leroi-Gourhan destaca dois outros momentos decisivos na história da mão humana em sua relação com o aparelho nervoso depois que a ferramenta manual se descolou do gesto motor. A partir daí, a mão "aciona o processo motor em máquinas

13. Ver Alexandre Friederich, *H +. Vers une civilisation* 0.0. Paris: Allia, 2020, p. 50.
14. André Leroi-Gourhan, *Le Geste et la Parole. II*, op. cit., pp. 48-52.
15. Ibid., p. 38.
16. Ibid., p. 41.

movidas por animais ou em máquinas automotrizes, como os moinhos". Em última instância, "a mão aciona um processo programado em máquinas automáticas que não somente externalizam a ferramenta, o gesto e a motricidade, mas também abrangem a memória e o comportamento maquinal".[17] Ele enfatiza particularmente a ação inerente à mão no comportamento técnico humano. A máquina corporal inteira está naturalmente envolvida no gesto técnico, sendo que operações diversas exigem distintas combinações.

Esse é o caso da olaria e da cerâmica na África antiga. Diversas técnicas básicas de modelagem, com variações de método, eram praticadas pelos artesãos. A ceramista, por exemplo, martelava a massa de argila seca em uma cavidade usando um pilão. Ela podia esticar as paredes por meio de batidas com um palete de madeira, até alcançarem o nível da borda, por exemplo, antes de montá-la por cima do acordelado ou no alto do bojo. Podia também amassar uma placa de argila, alisando-a até seu diâmetro máximo. Todas essas operações exigiam intenso emprego das mãos, também para girar rapidamente a tornada lastrada com areia, para esticar e moldar a argila ou para achatar um acordelado no fundo do bojo para formar a base.

Leroi-Gourhan ponderou que a humanidade "muda um pouco de espécie toda vez que muda tanto de ferramentas quanto de instituições".[18] Antecipou que a mutação final se consumaria uma vez que "o homem tivesse fora de si outro homem, inteiramente artificial, que agiria com velocidade, precisão e força sem limites".[19] Tudo seria então "vertido, transposto – ferramenta, gesto, força e pensamento – em uma réplica".[20]

17. Ibid., pp. 41-42.
18. Ibid., p. 50.
19. Ibid., pp. 50-51.
20. Ibid., p. 51.

No estágio supremo de nossa breve história na Terra, o ser humano poderia finalmente ser transformado em um composto elástico. Sua capacidade de replicação ou multiplicação poria um ponto final no que sempre foi considerado seu infortúnio e aflição original, ou seja, sua autodivisão. O que Leroi-Gourhan se esqueceu de acrescentar é que cada etapa da evolução tecnológica e biológica constitui a *passagem para outra Terra*, que já não seria tanto a criação diante da qual Deus exclamou ao final do Sétimo Dia, mas outra Terra, viabilizada como consequência da expansão infinita do mercado. O que ele dificilmente poderia ter previsto é que um dia seria possível proclamar sem risco de ser contestado: *a Terra é uma criação do mercado. Não passa de um vasto mercado.*

Estamos agora no limiar dessa proclamação, e dessa proposição dependerá o futuro da Terra. Em sua condição de berço da humanidade, a África, talvez mais do que outras partes do globo, teve a experiência coletiva do mercado como um poder paradoxal. Primeiro, como um poder deslumbrante.[21] Depois, como um poder instituinte por meio do endividamento. E, por fim, como um poder catastrófico. Aprendeu que a catástrofe não é algo que chega, acontece de uma vez por todas, e por fim se vai, depois de cumprida a sua fatídica tarefa. Na realidade, para muitos povos, a catástrofe seria um processo incessante, que se acumula e se sedimenta, obrigando os sobreviventes a frequentar lugares inabitáveis, a viver em meio às ruínas, a reatar os fios da existência sob condições extremas.[22] Hoje em dia, viver à beira dos extremos tende a se tornar o destino comum a todos nós, nossa condição nesta era viral, corolário tanto da transformação irreversível dos ambientes quanto da expansão de uma nova forma assumida pelo colonialismo: o colonialismo tecnomolecular.

21. Ver Joseph Tonda, *L'Impérialisme postcolonial. Critique de la société des éblouissements*. Paris: Karthala, 2015.

22. Achille Mbembe e Felwine Sarr (orgs.), *Politique des temps. Imaginer les devenirs africains*. Les Ateliers de la pensée. Paris, Dakar: Philippe Rey, Jimsaan, 2019.

Mas a história do mercado na África também é uma questão respiratória. Nos sistemas de pensamento pré-coloniais da África, a respiração era um elemento-chave nas filosofias da vida, e de fato, por quase toda parte, mais uma vez o que está em questão é a respiração, não apenas porque o ar que inalamos está cada vez mais impregnado por sólidos suspensos, gases tóxicos, poluentes e descargas, partículas e granulações, em suma, por emanações de todos os tipos. Também porque a camada de ozônio foi destruída e a própria atmosfera está exposta ao acúmulo de dióxido de carbono, óxido nitroso e metano. E o que dizer dos pós extremamente finos, da descarga de gases tóxicos, das substâncias invisíveis, dos grânulos finos e das partículas as mais variadas? No que se refere à África em específico, a ladainha não é menos espantosa. O esgotamento dos estoques pesqueiros, a degradação dos manguezais, o aumento dos fluxos de nitrato e a alteração das áreas costeiras seguem em curso, bem como a predação das florestas, a pulverização agrícola, a artificialização dos solos, a perda de espécies raras, em suma, a destruição da biosfera.

Nada disso é fruto do acaso. Pelo contrário, é o resultado inexorável de um modelo de extração e desperdício das riquezas da Terra que vive à custa da queima constante e ininterrupta de combustíveis fósseis, de volumes assombrosos de energia que precisam ser buscados cada vez mais fundo nas entranhas da Terra e de seus oceanos. Esse quadro estaria incompleto se não incluísse os dispositivos tecnológicos e industriais que, ao mesmo tempo em que trituram e drenam o planeta, transformam-no em verdadeira presa apanhada nas malhas do que recentemente chamamos de brutalismo.[23]

Transcendendo suas origens no movimento arquitetônico de meados do século XX, defini como brutalismo o processo contemporâneo pelo qual o poder como força geomórfica passa a se constituir, a se expressar, a se reconfigurar, a atuar e a se reproduzir.

23. Achille Mbembe, *Brutalismo*, op. cit.

Por qual meio, se não por *fraturamento* e *fissuração*, por descarga dos recipientes, por perfuração e esvaziamento das substâncias orgânicas, em suma, por depleção? Também era preciso chamar a atenção para a dimensão molecular, química, viral e até radioativa destes processos. A toxicidade, isto é, a multiplicação de substâncias químicas e resíduos perigosos, não constitui afinal uma dimensão estrutural do presente? Essas substâncias e resíduos não só atingem a natureza e o meio ambiente (ar, solo, água, cadeias alimentares), mas também os corpos assim expostos ao chumbo, ao fósforo, ao mercúrio, ao berílio e aos agentes de refrigeração.

Existem, pois, diversas formas de sufocamento e asfixia, a começar pela dos corpos humanos. Tomemos o caso da respiração bloqueada pela ação viral. A barreira dos alvéolos pulmonares precisa ser vencida. O vírus tem que se infiltrar na corrente sanguínea. Deve então atacar os órgãos e outros tecidos, começando pelos mais expostos. Isso geralmente leva a uma inflamação sistêmica. Aqueles que, antes do ataque, já tinham problemas cardiovasculares, neurológicos ou metabólicos ou que sofriam de doenças relacionadas à poluição sofrem as investidas mais violentas. Sem alento e privados de aparelhos respiratórios, muitos partem como que em segredo, subitamente, sem qualquer possibilidade de dizer adeus. O momento, enfim, é de sufocamento e putrefação, de empilhamento e incineração de cadáveres. Para os humanos, estará a Terra a caminho de se converter em uma rangente roda do suplício, em necrópole universal?

Além disso, como esquecer o asfixiamento de ambientes e *habitat* em decorrência do desmatamento intensivo, dos megaincêndios e da destruição de ecossistemas, a ação nefasta de empresas poluidoras e destruidoras da biodiversidade? Para dar conta de ambos os futuros, da Terra e do mundo vivo, nesta era em que as máquinas oníricas e os poderes catastróficos são atores decisivos em uma história de múltiplas escalas e velocidades, é necessário, portanto, retornar ao corpo, notadamente pela via de seus órgãos mais expostos à asfixia e ao sufocamento. Pois retornar ao corpo é também retornar à Terra, entendida não mais como um terreno de que se apropria e ao redor do qual se erguem cercas, seguindo a lógica da partição e da repressão daqueles e daquelas que não contam, mas como um evento que, afinal, desafia cabalmente toda e qualquer ideia de apropriação e de "fronteirização".

Assim entendida, a Terra poderia ser o ponto de partida de uma concepção ampliada do *em-comum* e do *incalculável*, cujos esboços estão presentes em grande parte das antigas metafísicas africanas. É o caso entre os dogons, no que se refere às considerações sobre o "corpo desmembrado", os ritos de purificação e a "ressurreição vegetal". Nesse aspecto, é significativa a relação que essas metafísicas estabelecem entre a pessoa humana, por um lado, e as sementes, plantas e árvores, por outro. A pessoa humana é dotada de cinco elementos fundamentais: um corpo; duas almas gêmeas de sexos opostos; reflexos dessas duas almas na sombra; uma força vital composta que se apresenta na forma de um fluido que flui junto com o sangue nas veias; e o símbolo dos alimentos básicos dispostos nas clavículas, tidas como celeiros.[24]

Dentre esses vários elementos em constante contato, a "força vital" ocupa um lugar de destaque, tendo em vista que ela "aumenta continuamente à medida que o corpo cresce e envelhece".[25] Esse processo de crescimento, ou melhor, de aumento, é o resultado de um suprimento constante de "nutrientes", "principalmente daqueles cujos símbolos são encontrados nas clavículas". A "força vital", no entanto, está sujeita ao "desgaste e à diminuição" e até mesmo à debilitação decorrente, sobretudo, das "falhas rituais" cometidas por seu portador. Daí a importância da

24. Ver Germaine Dieterlen, *Les Âmes des Dogon*, op. cit., capítulo 2; e *Les Correspondances cosmo-biologiques chez les Soudanais*. Paris: Presses Universitaires de France, 1950.
25. Germaine Dieterlen, "Classification des végétaux chez les Dogon", loc. cit.

purificação, cujo principal objetivo é "reintegrar às clavículas os símbolos perdidos". Equivalente a um processo *terapêutico*, essa purificação é realizada com uma planta, reafirmando a correlação e a comunhão vital que existe entre as plantas e a pessoa humana.

Quais consequências podemos extrair dessas considerações? Deixemos de lado o aparente retorno do animismo e a ascensão de novas formas de idolatria, seja a idolatria digital, a das neurociências ou, mais prosaicamente, a da salvação pela riqueza, propalada pelas igrejas neopentecostais. Nitidamente, a tendência não é de redução das diferenças. Pelo contrário, é um momento em que grassa o desejo de desvinculação e de secessão, em suma, de pessimismo político e cultural. É o que explica, ao menos em parte, a proliferação dos discursos da conspiração e do colapso, do ressentimento e da identidade – em suma, o temperamento colérico e conspiracionista do nosso tempo. Nas entranhas da identidade, em particular, parecem ter se acobertado todos os medos da nossa era e todas as pulsões mais obscuras, nossas angústias, os sofrimentos mais prementes e os desejos mais opacos, a começar pelo desejo de gozar. E de gozar sempre mais e mais imediatamente. Mas também o desejo de endogamia, ao qual se deve acrescentar a vontade dissimulada de violência, ora gratuita, ora vingativa. São essas as aspirações, ou melhor, as injunções máximas, nesta era do capitalismo algorítmico.[26]

É possível que o que está acontecendo conosco seja, ao menos em parte, decorrência do trabalho realizado nos últimos séculos para afastar a humanidade de toda e qualquer conexão com o restante do mundo vivo. Como resultado do desenfreamento das paixões mais obscuras e da reabilitação do lado por vezes bestial e viral do ser humano, será que está ocorrendo diante de

26. Passamos em revista pelo assunto em *Brutalismo*, op. cit., pp. 108-111 [pp. 96-101].

nossos olhos a redução da história a um jogo de forças biológicas e da espécie humana à vertente zoológica e patogênica de sua natureza? Como expliquei em outro lugar,

> a combustão do mundo, no entanto, nos obriga a romper com a concepção circular de identidade que tem caracterizado a razão ocidental por longos séculos. A temática da identidade deve ser substituída pela do vivente, ou seja, do destino da biosfera, numa época em que tudo indica que uma nova gênese tecnológica está em gestação. Se, de fato, a Terra é um todo, então só pode haver identidade sob o signo da circulação generalizada da vida e dos vivos. E é ao retorno a essas circulações e a esses fluxos vitais que o tempo urge.[27]

Assim entendida, a noção de "comunidade terrestre" ou de assembleia dos vivos distancia-se tanto do universalismo abstrato ou sobressalente, aquele que pretende "compor o mundo" mesmo que seja contra os outros ou apesar deles,[28] quanto dos sonhos de um cosmopolitismo indolente, que sempre acaba por abrir caminho para os cercamentos dos mais variados tipos.[29] É inerente à Terra *abrir espaço* a todos os seus habitantes. Dessa forma, ela nos recorda como cada corpo, humano ou não, por mais singular que seja, carrega consigo, em sua superfície ou em seu âmago, em sua porosidade essencial, não as marcas do universal, mas os traços do em-comum. Consequentemente, toda política do mundo vivo repousa, por definição, na ideia de que o que está vivo é o que não tem preço. E por ser inestimável é, fundamentalmente, algo que está para além de qualquer medida. Como tal, não pode ser contado nem pesado. É algo simplesmente *incalculável.*

27. Achille Mbembe, *Brutalismo*, op. cit., p. 101 [p. 101].

28. Nadia Yala Kisukidi, "L'universel dans la brousse", *Esprit*, jan.-fev. 2020; Jean-Loup Amselle e Souleymane Bachir Diagne, *En quête d'Afrique(s). Universalisme et pensée décoloniale*. Paris: Albin Michel, pp. 68-69.

29. Immanuel Kant, *Vers la paix universelle: un projet philosophique*. Paris: Vrin, 2007 [1795].

Capítulo 3

A SEGUNDA CRIAÇÃO

Voltemos, pois, à Terra. Nosso planeta. A derradeira utopia. O que a distingue das outras é sua hospitalidade, isto é, sua disposição para *abrir espaço a mais de um*. À multiplicidade. E é por isso que consiste tanto em reserva quanto em reservatório. A Terra de que estamos falando aqui não é o equivalente exato do mundo ou do planeta. Por Terra tampouco nos referimos ao solo, ao lote de terra, mas a uma vida que se renova, cujo valor é literalmente incalculável, e que escapa a qualquer poder absoluto de domínio. Trata-se, assim, de um corpo vivo, animado, que tem como uma de suas propriedades o fato de ser uma matéria capaz de tornar a vida possível.

O ovo do mundo

Os dogons chamavam esse corpo vivo de "um pedaço de placenta roubada", pertencente que era ao universo como um todo. Esse mesmo universo derivava de um "infinitamente pequeno" criado pela "palavra". Três componentes essenciais formavam sua arquitetura: terra, água e espaço. O primeiro tinha como símbolo a semente, o segundo o ovo e o terceiro um satélite de Sírius, a estrela. Tendo se desenvolvido, o "infinitamente pequeno" gerou uma imensa matriz, chamada de "ovo do mundo", cindida em "dois elementos gêmeos e contendo duas placentas, que dariam origem a dois casais igualmente gêmeos".[1] Essa imensa matriz continha

1. Germaine Dieterlen, "Classification des végétaux chez les Dogon", loc. cit., p. 116; Geneviève Calame-Griaule, *Ethnologie et Langage*, op. cit.

"famílias" de seres e coisas, como estrelas, animais, tecidos, minerais, objetos, técnicas, plantas e instituições. Cada família ou categoria guardava não apenas "correspondência, em princípio, com todas as outras, de acordo com sua classificação". Também "correspond(ia) a uma das vinte e duas partes do corpo humano, considerado como um todo". Germaine Dieterlen observou que o todo oferecia um "sistema coerente de correspondências 'cosmobiológicas'", com cada parte do universo projetada no ser humano, ele próprio uma das "expressões privilegiadas do microcosmo".[2]

A Terra é, portanto, esse corpo vivo sem o qual não poderíamos existir. É a condição para a sobrevivência de quase tudo o mais. Nesse sentido, é um poder metamórfico. Poder esse que não é abstrato. É físico, sensível, na medida em que afeta o mundo vivo e por ele se deixa afetar, ou mesmo tocar.[3] E, se tem um corpo, ela também se atualiza permanentemente por meio de uma multiplicidade de corpos em movimento, corpos que constantemente cinge e acompanha, contribuindo para lhes assegurar uma relativa estabilidade ontológica.[4] Nem sempre foi este o caso. Foram necessárias, entre outras coisas, a energia irradiada do Sol, a energia refletida pelos continentes, mares e oceanos, e também a atmosfera para que ele se transformasse em um vasto reservatório de vida. De todos os nomes que lhe foram atribuídos, este é provavelmente o mais apropriado. É de fato inerente à Terra ser um lugar de refúgio para a vida, diante da iminência de ser sufocada.

Mesmo quando ocorreram as grandes extinções, a vida continuou. Nada indica, porém, que será sempre assim. O Sol ficará cada vez mais quente, cada vez mais avermelhado, envelhecerá e

2. Germaine Dieterlen, "Classification des végétaux chez les Dogon", loc. cit., p. 115.
3. Pierre Charbonnier, Romain J. Garcier e Camille Rivière, "Revenir à la terre?", *Tracés. Revue des Sciences humaines*, n. 33, 2017, pp. 7-16
4. David Gé Bartoli e Sophie Gosselin, *Le Toucher du monde. Techniques du naturer*. Paris: Éditions Dehors, 2019.

então, um dia, talvez se extinga. Se ficar sem água, a própria Terra se transformará em uma gigantesca massa negativa. Sua similitude com outros planetas estará, assim, definitivamente selada.

Na maior parte das cosmogonias africanas, ela consiste em um conjunto incalculável de sinais, o meio pelo qual a vida nasce, a matéria se anima e o movimento se realiza.[5] Por ser habitada e animada por forças e espíritos da natureza, não é imutável. Na realidade, está sempre em vias de se constituir, quer dizer, está sempre disposta a propiciar o surgimento de figuras imprevistas do existente, que então acolhe em seu seio e em seus recônditos.

Assim entendida, é *uma substância que tanto é constituída previamente a seus habitantes* e àqueles que nela vivem *quanto é moldada por eles*, entre os quais os seres humanos. Essa moldagem ocorre a partir de operações práticas por meio das quais estabelecem alianças entre si, compartilham-na, dividem-na em parcelas delimitadas, codificam seus usos, exploram-na, confrontam-se, unem-se ou se separam, e redistribuem seus recursos. Por ora, junto com o ar que respiramos e, em menor medida, a água que bebemos, ela integra esses grandes elos aos quais estamos todos atados, a cadeia das coisas e das pessoas, de todos os seres vivos, dos quais ela é como que o tecido comum, a um só tempo o chão e o teto.

Em toda a sua extensão, no entanto, ninguém dispõe de poder soberano absoluto sobre ela. Desse chão comum e desse teto certamente se pode fazer um ou outro uso específico num ou noutro lugar. Mas sobre eles ninguém detém efetivamente a propriedade, nem tampouco podem ser deixados inteiramente à mercê da boa vontade de uma só pessoa. Em relação à Terra, ninguém, nem mesmo um Estado, tem o poder de agir livremente por conta própria. Apesar das ficções jurídicas, não somos

5. John Janzen e Wyatt MacGaffey, *An Anthology of Kongo Religion. Primary Texts from Lower Zaire*. Lawrence: University of Kansas Press, 1974; Anita Jacobson-Widding, *Body and Space. Symbolic Models of Unity and Division in African Cosmology and Experience*. Estocolmo: Almquist and Wiksell, 1991.

seus proprietários, se por direitos de propriedade entendemos o domínio completo e o exercício de "plenos poderes sobre a coisa-objeto de direito".[6]

A verdade é que, em grande medida, somos (apenas) seus habitantes, e, para a maioria entre nós, passantes. Graças à tecnologia, podemos captar suas forças e recodificá-las. Mas nas metafísicas animistas, dificilmente seremos capazes de apreender plenamente o esplendor da sua vida e das suas fontes essenciais. Em outras palavras, por mais que participemos de sua regulação, não é como seus iguais que o fazemos. Somos meros habitantes entre tantos outros, ou melhor, "guardiães" perfilados em uma cadeia de solidariedade intergeracional. Aliás, nossa condição de habitantes e guardiões é temporária, visto que se encerra objetivamente com o nosso perecimento. A morte põe fim à nossa capacidade de acessar e usufruir as utilidades do torrão de que nos consideramos proprietários. Assim, supondo que a Terra deixasse o mundo natural e entrasse no mundo jurídico, só poderia ser na condição de algo que é, por definição, *inapropriável*.

Há, portanto, uma dimensão imaterial da Terra que fundamentalmente a afasta da esfera das coisas passíveis de apropriação, ou das coisas que podem ser integralmente absorvidas pela propriedade. Isso é o que de fato a torna não uma "coisa comum", mas uma "comunidade", uma *comunidade ambígua*. Essa comunidade terrestre é correlata da universalidade inerente a todos os seus habitantes. Considerados em conjunto, nem as pessoas humanas nem os outros entes são donos da Terra. São seus cidadãos, na medida em que todos têm nela um lugar inquestionável. Se algum direito têm a essa sua hospitalidade inata, ele se limita a um *direito ao abrigo*, a um *direito de residência*. Estritamente falando, um direito ao acolhimento, que é incondicional. A Terra efetivamente proporciona um lugar para todos, sem distinção.

6. Sarah Vanuxem, *La Propriété de la Terre*. Marselha: Wildproject, 2018, p. 30.

Não há necessidade de um título de propriedade para usufruir desse lugar. Ele lhes cabe pelo simples fato de existirem, de estarem vivos, de estarem aqui.[7] Nenhum Estado tem o monopólio dessa lei primordial. Na verdade, ela precede a figura do Estado e continuará a existir depois dela.

A ideia de uma comunidade terrestre se situa, assim, em posição diametralmente oposta ao conceito de "Direito da Terra", uma lei que existiria previamente a qualquer convenção ou contrato (o *nomos* da Terra). Contrariamente ao gesto de divisão e apropriação e à lógica dos cercamentos típica do *nomos* europeu da Terra, a *faculdade de habitar* não se equipara ao direito de dispor das coisas sem ressalvas. Pelo contrário, habitar implica necessariamente coabitar, ou seja, *abrir espaço* a outros além de si mesmo, a outros seres além dos humanos, ao Todo, fielmente à vocação da própria Terra, que é a de ser uma morada para todos. Nesse esquema de redistribuição universal, ninguém é privado de abrigo e todos têm um direito fundamental a uma parte. Esse *direito inato* precede qualquer outro direito. É o equivalente do direito universal à respiração.

Hoje, a Terra abriga em seu seio não só o somatório dos seres vivos, mas também uma miríade de objetos técnicos, que não só estão vivos eles também, como também contribuem para a geração da vida. A maioria deles está, dia e noite, conectada a todo tipo de circuitos. Antenas, roteadores, servidores, uma gama de equipamentos energívoros e tecnologias imateriais processam e transportam gigantescos volumes de dados. Tais tecnologias também fazem parte da infraestrutura computacional que utilizamos na esperança de dominar a natureza, de "equacionar a sociedade",[8] de domesticar o mundo vivo, em suma, de galgar outro estágio da evolução biológica da humanidade.

7. Ver, numa perspectiva relativamente semelhante, as reflexões de Mathias Risse, *On Global Justice*. Princeton: Princeton University Press, 2012, especialmente os capítulos 5 a 10.

8. Pablo Jensen, *Pourquoi la société ne se laisse pas mettre en équations*. Paris: Seuil, 2018.

Essa outra etapa da evolução humana recebe o nome de a *segunda criação*. Acredita-se que o ser de barro da primeira criação, condenado a voltar ao pó, será sucedido por um ser sintético feito de múltiplos dispositivos. Não será gerado por Deus esse novo ser. Seu nascimento resultará exclusivamente da interação das forças humanas, naturais e artificiais. Assim, a criação se perpetua, e com ela o sonho de modificar a própria espécie humana. Esse sonho se apoia na crença de que o mundo social, assim como a natureza, é regido por leis que podem ser decifradas. A segunda criação poderia ser engendrada à base de substâncias preexistentes, às quais seriam adicionados novos materiais.

Contudo, por mais que se defina a vida como um movimento incessante, um impulso, ou mesmo uma pulsão, talvez o que melhor a caracterize seja nunca estar dada de antemão. Ou talvez seja, em última análise, apenas uma experiência que atravessamos. Em outras palavras, tudo se encaminha para seu fim inevitável. Sendo esse o nosso destino final, tudo reside, portanto, no sentido que conferimos ou não à experiência da travessia. Logo, não basta decifrar os mecanismos biológicos do mundo vivo, determinar a dimensão zoológica do humano e examinar os sistemas osteomusculares e nervosos. Também é necessário entender que tudo isso é inseparável da atividade imaginária e da produção de sentido. André Leroi-Gourhan nos lembrou, com razão, que "não existem dois fatos distintos tipicamente humanos, sendo um deles a técnica e o outro a linguagem",[9] e poderíamos acrescentar a consciência, a memória, os símbolos, em suma, o pensamento.

Mas, para que a travessia ocorra, algo precisa ter acontecido anteriormente. Algo da ordem da chegada precisa poder se perfilar na partida. A rigor, o advir é um ato que sobrevém uma primeira vez e que nunca está consumado de uma vez por todas. O *advir* é também aquilo que virá, isto é, aquilo que, mesmo no

9. André Leroi-Gourhan, *Le Geste et la Parole*. II, op. cit., p. 260.

presente imediato, ainda está à frente de nós, e é sempre da ordem da promessa. Abre-se sempre para o desconhecido, para o indeterminado e para o infinito.

Esse é, aliás, o nome do evento puro, aquele cujo tempo, forma ou lugar não podem ser determinados. Nesse sentido, a tecnologia é mais do que aquilo de que simplesmente nos servimos, que nos permite usufruir das coisas do universo. Seus propósitos são mais do que utilitários. É, literalmente, uma forma de acolher e reanimar os vivos, ou seja, o movimento, o advir, um conjunto de possibilidades às quais buscamos atribuir formas, conteúdos e sentidos. É a sua face positiva, um utensílio vital.

Não obstante, um paradoxo insuperável jaz no seio da aventura humana na Terra. A produção, o acolhimento e a adaptação dos seres vivos sempre implicaram a destruição desses mesmos seres vivos. Esse movimento contraditório e hercúleo exigiu a mobilização e, simultaneamente, a dissipação de forças gigantescas, quase atômicas, e de energias colossais. A tecnologia foi tanto o instrumento quanto o cenário dessa tragédia.[10] Ainda hoje, muitos avanços técnicos só podem ser alcançados à custa de assombrosas devastações, a ponto de não hesitarmos mais em dizer que a humanidade está em guerra com a natureza, com os ambientes e com os territórios.

Tomemos os dois exemplos da bacia do Congo e da Amazônia, dois dos maiores pulmões da Terra. Por séculos, muitas comunidades estabeleceram ali um equilíbrio sóbrio com o meio ambiente natural. O dispêndio não era de forma nenhuma algo incomum. Mas nas formas de governo, nos modos de promover a guerra e a paz, assim como na gestão dos recursos, prevalecia a ideia de uma corresponsabilidade entre todos os seres vivos.[11] Essa ética da sobriedade andava de mãos dadas com a frugalidade. Onde

10. Ver Roger Heim, *Destruction et protection de la nature*. Paris: CNRS Éditions, 2020 [1952].
11. Jan Vansina, *Paths in the Rainforest*, op. cit.

havia extração, era geralmente artesanal. Quase nunca levava ao esgotamento dos recursos e à degradação do que hoje chamamos de biodiversidade. Em todo caso, nunca se fazia às custas das populações animais e vegetais, das espécies e dos ecossistemas.

Já existiam vírus patogênicos e com potencial pandêmico, mas os surtos infecciosos não eram nada frequentes. O consumo de carne de animais selvagens era prática comum, mas a superexploração de animais em escala industrial era desconhecida. Os seres humanos e a vida selvagem estavam em constante contato. A probabilidade da passagem de micro-organismos de uma espécie a outra era, no entanto, reduzida, e as florestas dificilmente eram exauridas. As práticas agrícolas envolviam o uso controlado do fogo, utilizado como um método de manejo florestal. Os incêndios, contudo, nunca alteravam a estrutura das matas. Mesmo onde houve desmatamento relativamente amplo, as florestas preservaram suas funções ecológicas, prevalecendo a crença de que o mundo vivo continha territórios que não só eram inexplorados, mas incognoscíveis. Era isso que fazia dele o mistério basilar, e qualquer esperança de abarcá-lo de uma vez por todas beirava a soberba. A proteção dos vínculos sociais passava pela proteção da natureza e dos seres vivos. Uma era inseparável da outra.

Isso tudo é passado. De lá para cá, três acontecimentos transformaram profundamente a situação. Graças aos avanços tecnológicos (quer se trate dos aparelhos que utilizam raios-x, ressonância magnética nuclear, ultrassom, infravermelho, proteínas fluorescentes), agora é possível observar organismos vivos até o mais profundo de suas células. Também é possível manipular seu DNA. Com bilhões de informações reunidas, passamos da era do mistério para a era da apoteose, impulsionada por uma esperança mirífica, a de poder finalmente compreender as origens da vida, reconstituir a história biológica da humanidade, decifrar de uma vez por todas a complexa lógica do funcionamento dos seres vivos.

Mais do que isso, a esperança agora é revelar o funcionamento do próprio cérebro, pois acredita-se que o cérebro é a própria essência do ser humano, ou seja, sua autoconsciência, a capacidade de apreender sua própria existência, incluindo a morte. Como esse órgão funciona, como a consciência emerge desse funcionamento, como as conjunções de neurônios podem levar a experiências mentais, eis algumas das questões que as tecnologias de aquisição de imagens do cérebro humano vêm buscando decifrar.[12] A esse projeto de estender as fronteiras do conhecimento e as do mundo vivo soma-se o desejo de açambarcar a própria matéria constitutiva da Terra, sua atmosfera, seu magnetismo, seu solo e subsolo, a água, o ar e os mares. E, assim, seguem incessantes a dilapidação das florestas e, por intermédio das colônias agroindustriais, das grandes barragens, das estradas e da mineração, a pressão exercida sobre os direitos fundiários das populações originárias.[13] As florestas foram cercadas pela monocultura da soja e do dendê e pelas pastagens. A savana foi dizimada pelo amendoim e pelo algodão. Ocorreu uma profunda mudança no regime de incêndios florestais. As áreas suscetíveis ao fogo estão em franca expansão.

Emergiu assim outro imaginário da *onipotência*. É efetivamente onipotente quem não pode ser limitado por nenhuma autoridade. A própria ideia de onipotência se deslocou na direção não da razão, do Estado ou da razão de Estado, mas da propriedade privada, que foi alçada, praticamente em todos os lugares, à condição de direito natural, sagrado e inviolável. Esse caráter sacramental está na base do imaginário da divisão e da apropriação da Terra, que tem no capitalismo, em suas diversas formas, sua expressão ativa.

12. Catherine Jessus, "De nouveaux territoires à explorer", *Carnets de Science*, n. 1, 2016, pp. 104-115.
13. François-Michel Le Tourneau, "Quelle durabilité pour les territoires amérindiens d'Amazonie brésilienne?", *Journal de la Société des américanistes*, v. 102, n. 1, 2016.

Em nome do princípio da apropriação, entidades como os oceanos, o alto-mar e muitos dos recursos fornecidos por ecossistemas não humanos são tratados como recursos privados, de fruição praticamente exclusiva. Além disso, impôs-se triunfante a ideologia segundo a qual a propriedade privada seria legitimada pelo trabalho. A pessoa que trabalha seria naturalmente o proprietário privado do produto de um labor concebido como eminentemente individual. Dessa forma, as solidariedades de base foram minadas e, no fim das contas, uma humanidade parasitária vem se alimentando do tecido vivo do planeta.

Qualquer reflexão crítica sobre a tecnologia deve, portanto, partir da relação entre a vida e a matéria, a matéria da vida e a vida em sua materialidade, a dialética da matéria e do imaterial. Mas grande parte dos organismos vivos do planeta permanece desconhecida para nós ou ainda não foi catalogada. É o caso de grande parte das bactérias, dos protozoários, dos fungos e dos vírus. Os vírus, em particular, representam forças primordiais na biosfera. São parte constitutiva do mundo vivo e seu impacto na fisiologia, na morfologia e no comportamento de seus hospedeiros (que são a um só tempo sua fonte de recursos alimentares, seu *habitat* e seu meio de locomoção) é colossal. Por sua vez, o tecido vivo do planeta reside na diversidade de genes, espécies e ecossistemas. Hoje em dia, pode-se dizer que algumas tecnologias contribuem para a expansão das estruturas antrópicas. De um modo geral, é por ação delas que os *habitat* naturais e os espaços disponíveis para a biodiversidade vêm sendo dilapidados.

A tecnologia a serviço da destruição implica um envolvimento estrutural de grandes empresas. Quer sejam as florestas derrubadas ou os metais raros extraídos do subsolo, são sempre centenas de milhares de hectares em jogo. É o caso dos lagos salgados secos, de onde se extrai o lítio que torna possível a produção de baterias dos computadores, telefones e carros elétricos. Implica também a espoliação das comunidades nativas e sua expulsão de terras que no mais das vezes são de ocupação ancestral e coletiva.

Por mais que invoquemos a desmaterialização, o imaterial depende, de ponta a ponta, do acesso aos metais e de sua exploração intensiva.[14] É o caso do lítio e do alumínio. O processo de extração do lítio é bem conhecido. Requer a captação em larga escala de imensos volumes de água rara. "O bombeamento de salmoura do subsolo rico em lítio cria um vácuo que faz com que a água doce disponível migre para as profundezas", escreve Celia Izoard.[15] E, acrescenta, "os tratamentos com cloro e a dispersão na água dos dejetos do bombeamento misturados com solventes destroem micro-organismos a respeito dos quais pouco sabemos, exceto que são os organismos vivos mais antigos do planeta".

Vejamos o caso da energia. Os servidores instalados nos centros de armazenamento de dados são indispensáveis para a navegação na web. Também são essenciais para a circulação de bilhões de e-mails, *junk mail*, fotos e vídeos enviados todos os dias, para não mencionar as "telerreuniões", o comércio eletrônico, os *downloads* ou a fabricação dos equipamentos utilizados para se conectar. Quando somamos as quatro etapas do ciclo, da fabricação ao transporte e do uso ao descarte, fica evidente que o peso da web no consumo global de energia vem crescendo ininterruptamente, e, com ele, a emissão de gases de efeito estufa.[16] O que dizer da poluição gerada pela extração de matérias-primas?

14. Ver, por exemplo, James H. Smith, *The Eyes of the World. Mining the Digital Age in the Eastern* DR *Congo*. Chicago: Chicago University Press, 2021.

15. Celia Izoard, "La voiture électrique cause une énorme pollution minière", *Reporterre*, 2 set. 2020.

16. Fabrice Flipo, Michelle Dobré e Marion Michot, *La Face cachée du numérique. L'impact environnemental des nouvelles technologies*. Paris: L'Échappée, 2013. A respeito do continuum eletrodigital, ver Fanny Lopez, *À bout de flux*. Paris: Divergences, 2022.

Ou da poluição causada pela fabricação de equipamentos, placas--mãe e *chips*, como no caso da poluição provocada por ftalatos e solventes clorados?[17]

Para aumentar a proporção de alumínio nas carrocerias, nos aros e nas caixas de câmbio dos veículos elétricos, a bauxita precisa ser dissolvida em soda e o precipitado tem que ser aquecido a temperaturas que chegam a 1 200 °C. Esse tratamento gera gigantescas represas de dejetos. Se alguma delas se romper – como já aconteceu mais de 135 vezes desde 1961 –, isso inevitavelmente acarretará uma inundação de resíduos de mineração que contaminarão a água e o solo.[18] O cobre, por sua vez, que aos milhões de toneladas vem sendo extraído das entranhas da Terra, está profundamente associado a diversos metais tóxicos, como o arsênio, o chumbo e o cádmio. Como ocorre no Congo e na Zâmbia, não existe extração de cobre sem escavações a céu aberto, encostas de colinas cravadas por incontáveis escoramentos, dezenas de milhares de quilômetros de túneis a centenas de metros de profundidade, fundições com chaminés elevadas que vomitam fumaça e, inevitavelmente, altos teores de arsênio e chumbo sobre uma terra intoxicada. "A mineração de cobre acarreta, assim, a dispersão desses outros metais na natureza sob a forma de vapores, emissões de partículas ou escoamento de dejetos", assinala a respeito Celia Izoard.[19] E o que dizer do cobalto, do estanho, do manganês ou do níquel?[20] Quantas toneladas de resíduos são despe-

17. Ver Nolwenn Weiler, "L'empreinte environnementale de l'économie numérique", *Observatoire des multinationales*, 29 jan. 2014.

18. "Chronology of Major Tailings Dam Failures", *Wise Uranium Project*. Disponível em: *wise-uranium.org*.

19. Celia Izoard, "La voiture électrique cause une énorme pollution minière", loc. cit.

20. A respeito desses desdobramentos, ver Nicolas Niarchos, "The Dark Side of Congo's Cobalt Rush", *The New Yorker*, 24 maio 2021; Célestin Banza Lubaba Nkulu, Lidia Casas e Benoît Nemery, "Sustainability of Artisanal Mining of Cobalt in DR Congo", *Nature Sustainability*, v. 1, n. 9, 2018, pp. 495-504; Rickard Arvidsson, Mudit Chordia e Anders Nordelof, "Quantifying the Life-Cycle Health Impacts of a Cobalt-Containing Lithium-Ion Battery", *The International Journal of Life Cycle Assessment*, n. 27, 2022, pp. 1 106-1 118.

jadas em rios que se tornam assoreados com o acúmulo, ao longo dos anos, de sedimentos arrastados pela água da chuva? Quantos rios e riachos foram transformados em vastos lençóis de lama abandonados pelos peixes e por toda forma de vida aquática por causa do ácido sulfúrico, do cianeto, do mercúrio e do arsênio?[21]

Não existe apenas essa dimensão tóxica. Há também o aspecto escatofágico, os detritos e dejetos. Nos grandes depósitos de lixo eletrônico do continente, dezenas de milhares de pessoas desmontam os aparelhos, recuperam algumas peças e queimam os cabos. O lixo chega em centenas de contêineres de REEE (resíduos de equipamentos eletroeletrônicos), não raro espalhados em meio aos outros todos: fluidos de refrigeração, tubos de raios catódicos, telas de cristal líquido, interruptores de mercúrio, muito chumbo, cádmio e cromo.

E o que dizer, aliás, dos oceanos, que estão se tornando um enorme aterro sanitário para todas as atividades humanas, o fim da linha para qualquer tipo de substância? Os oceanos, os organismos marinhos e seus *habitat* são componentes essenciais do tecido vivo do planeta. Como explica Kheira Bettayeb, "os oceanos absorvem a maior parte do excesso de calor relacionado ao aquecimento global e armazenam grandes quantidades de dióxido de carbono (CO_2); o gelo da criosfera reflete a radiação solar de volta para o espaço e assim reduz o aquecimento. Além disso, são *habitat* essenciais para a fauna, a flora e os seres humanos".[22] Julien Bourdet assinala que a humanidade não depende do mar apenas para sua alimentação, mas também para suas atividades econômicas. O mar absorve 20% do CO_2 emitido anualmente para a atmosfera.

21. "The Growing Role of Metals and Minerals in a Low-Carbon Future", *Banque mondiale et Extractives Global Programmatic Support*, jun. 2017. Disponível em: *openknowledge.worldbank.org*.

22. Kheira Bettayeb, "Il faut respecter de toute urgence l'Accord de Paris", CNRS *Le Journal*. Disponível em: *journal.cnrs.fr*, 30 set. 2019.

> E os organismos vivos desempenham um papel crucial no funcionamento dessa bomba de carbono: o fitoplâncton, na base da cadeia alimentar marinha, utiliza o CO_2 e o transforma em matéria orgânica, parte da qual cai no fundo do oceano. Aliás, essas algas e bactérias microscópicas fornecem metade do oxigênio produzido na Terra".[23]

Sacos plásticos, artigos de mesa descartáveis, cotonetes, canudos, micropartículas presentes nos esfoliantes e a maioria dos produtos cosméticos despejados no mar contêm concentrações de poluentes persistentes,[24] que são ingeridos por alevinos de peixes. Além dos resíduos plásticos, existem outras formas de poluição decorrentes dos derramamentos de óleo. É verdade que existem bactérias marinhas devoradoras de hidrocarbonetos. Apesar disso, o petróleo mata, por enviscamento, mas também por revestir as paredes internas do estômago e bloquear as trocas tissulares nos peixes. Bourdet também aponta outras formas de poluição crônica, a exemplo da poluição por produtos químicos, que inclui medicamentos, disruptores endócrinos, pesticidas, retardantes de chama, cosméticos e detergentes, bem como tantas outras moléculas potencialmente danosas para os ecossistemas marinhos.

Elasticidade e maleabilidade

Toda reflexão sobre a tecnologia nos remete, portanto, à realidade do corpo – incluindo o corpo da Terra –, à sua carne e à sua pele. O corpo só adquire sentido por meio do movimento, em movimento e para o movimento. Mas, a rigor, não existe corpo sem órgãos ativos, dotados de funções primárias, não existe corpo sem tecidos, ossos, pele, vasos, ligamentos etc. Órgãos e tecidos têm em comum o fato de estarem vivos, quer dizer, de serem capazes de se deformar e retornar aproximadamente à sua forma

23. Julien Bourdet, "Peut-on encore dépolluer les océans?", CNRS *Le Journal*, 26 nov. 2020.
24. Ver Jean Weissenbach, *Dépolluer la planète*. Paris: CNRS Éditions, 2019.

mais ou menos inicial. Esse retorno à forma inicial após a deformação é o que chamamos de elasticidade. Sem essa capacidade de retorno, de rotação e de translação, o movimento é quase impossível. A tecnologia imita essas funções elementares do corpo. Há objetos técnicos que imitam os órgãos de fonação e audição, a começar pelas vibrações das cordas vocais e do tímpano. Há outros que se inspiram no funcionamento dos intestinos ou dos dentes que trituram e mastigam; e outros ainda, que se inspiram nas paredes dos pulmões, que se dilatam e se contraem.

A tecnologia como um todo é assombrada pelo fantasma do envelhecimento, que precisa ser combatido, na medida em que acarreta a perda das propriedades mecânicas dos órgãos e tecidos. Ela é assombrada por fenômenos como a insuficiência cardíaca, as roturas de aneurisma, os enfisemas e as hérnias de disco. O imaginário do corpo físico, natural e humano constitui o manancial que a abastece. Ela aspira tornar-se corpo. Um corpo que se quer superior a todos os outros, que não padeceria de nenhuma síndrome genética que pudesse ocasionar a mais mínima fragilidade que fosse.

Seria, assim, um corpo protegido de qualquer agente oxidante que pudesse acelerar a degradação das fibras elásticas. O tecnocorpo seria imune a anomalias genéticas. Os raios ultravioletas, os cigarros, a poluição, a *junk food*, a "caramelização" (superabundância de açúcares), nada disso teria qualquer efeito sobre ele. Seria imune ao decaimento da elasticidade, até mesmo à menopausa.[25] Restaurar, substituir e operar um corpo não se resume apenas à reparação de seus componentes mecânicos. Significa também saber como regenerá-los em seus arranjos químicos, em nível molecular.

Esquecemos, porém, que o corpo não é só uma questão de engenharia. Nenhuma tecnologia é capaz de garantir definitivamente a sobrevivência de tecidos defeituosos. Por mais que se implantem biomateriais, que se utilizem suplementos de fibra

25. Pascal Sommer, "Réparer les corps élastiques", *Carnets de science*, n. 2, 2017, pp. 44-47.

de colágeno, que se insiram molas metálicas nas artérias para dilatá-las em caso de estreitamento, por mais que se emule a natureza ou se encontre inspiração em suas formas e materiais, o tecnocorpo jamais substituirá o corpo humano. Sempre haverá uma dimensão do corpo humano que escapa à síntese química. O corpo que respira, corre, come, urina, excreta, dá à luz e canta nunca será redutível aos seus componentes tecnológicos.

Hoje em dia, entretanto, a tecnologia remete sobretudo ao que é fino, flexível, móvel, ultraleve, transparente. O material por excelência já não é mais o aço e sim o silício. Outros materiais devem ser acrescentados a essa lista, como o germaneno (feito de átomos de germânio), o estaneno (feito de estanho), o fosforeno (feito de fósforo), ou mesmo o molibdênio e o tungstênio. É esta a nova destinação da matéria e dos materiais: fornecer aos elétrons, sob a forma de calor e luz, a quantidade de energia capaz de fazer funcionar da forma desejada o mundo digital e seus componentes eletrônicos. A indústria eletrônica contemporânea se assenta fundamentalmente no silício.

É um dos materiais mais icônicos da artificialidade. O silício é sintetizado em um processo chamado de epitaxia. "Consiste em provocar a evaporação do silício puro dentro de uma câmara de ultra-alto vácuo, bombardeando-o com um feixe de elétrons. Os átomos de silício que assim são arrancados do bloco de material acabam por repousar sobre um substrato cuja estrutura cristalina os força a se alinhar a uma rede em forma de favos de abelhas", explica Julien Bourdet.[26] Mas são também materiais capazes de absorver, emitir ou converter a luz. As luzes miniaturizadas, os fotodetectores, as telas flexíveis, enfim, a eletroluminescência, compõem o materialismo do amanhã.

26. Julien Bourdet, "Les nouveaux matériaux inspirés du graphène", CNRS *Le Journal*, 20 abr. 2017.

Por outro lado, não importa se são computadores, televisores, iPads, câmeras fotográficas ou telefones, as condições materiais para a produção de mídias digitais permanecem as mesmas. Para abastecer o mercado global, são necessários volumes crescentes de energia, de combustíveis fósseis, de terras raras, de ouro, de cobre, de estanho e de columbita-tantalita. O tântalo, em particular, é conhecido por ser um condutor de calor e eletricidade. Maleável, uma de suas propriedades é resistir à corrosão. "Apresentando-se inicialmente como uma pedra acinzentada, a tantalita e a colombita são separadas por um procedimento técnico e reduzidas a pó bruto", relata uma investigação sobre a rota comercial do coltan congolês.

> O pó de tantalita é então transformado em pó de tântalo, em lingotes, lâminas (*chips*) e fios (*wires*). Esses novos componentes são então incorporados a diversos produtos técnicos (em alguns casos combinados com outros elementos, como o cobalto) e acabarão sendo encontrados tanto em produtos de uso corrente (telefones celulares, câmeras de vídeo, computadores) quanto em produtos altamente especializados (mísseis, turbinas de aeronaves, satélites). Também são encontrados em ligas utilizadas na fabricação de ferramentas de corte, torneamento e fresagem.[27]

A expansão global das tecnologias digitais requer, por outro lado, infraestruturas gigantescas, cabos, *data centers*, roteadores e terminais. A imaterialidade das imagens depende da materialidade das máquinas, de um arranjo colossal de elementos heterogêneos, de um alicerce técnico e cognitivo, em suma, de uma logística. Requer também cadeias produtivas globalizadas, que, a exemplo das linhas de montagem dos próprios produtos, operam vinte e quatro horas por dia. As tarefas são cronometradas segundo a segundo, assim como nos tempos do taylorismo clássico. Tarefas de triagem, limpeza, etiquetagem, escaneamento, padronização, armazenamento

27. Patrick Martineau, "La route commerciale du coltan congolais: une enquête", *Note de recherche du* GRAMA, maio 2003.

e transporte. Na ponta final da cadeia, placas, disquetes, discos rígidos, ferramentas de registro multimídia, *scanners*, impressoras e assim por diante. E isso não é tudo. Também se produzem casos de câncer, doenças respiratórias e neurológicas, exposição ao pó de alumínio, aos fluidos de corte e aos solventes, o exército de escravos dos eletrônicos, no qual devemos incluir os sobreviventes, os ceifados e os suicidas. Assim vão as coisas, a montante e a jusante dos circuitos eletrônicos e de outros fluxos de montagem.[28]

A digitalização do mundo se viabiliza não apenas devorando as entranhas da Terra e multiplicando as captações de água. Em cada etapa da produção, ela também gera inúmeras descargas tóxicas.[29] Daí as montanhas de detritos despejados a céu aberto, incinerados ou reciclados de uma forma ou de outra. Em sua grande maioria, incluem componentes de circuitos eletrônicos alimentados por corrente elétrica ou por bateria. Depois de destrinchados os objetos, o plástico é queimado ao ar livre. Os componentes internos e outros metais preciosos são recuperados e às vezes reciclados, tais como ouro, prata, cobre, platina, paládio, rutênio, ródio, irídio ou ósmio.[30] Queimaduras, lesões oculares, problemas respiratórios e câncer são a parcela que resta a esses trabalhadores de mãos nuas, no mais das vezes munidos apenas com barras de ferro e martelos. A montante, a extração havia ocorrido em valetas a céu aberto ou em fossas subterrâneas.[31]

28. James H. Smith, "Tantalus in the Digital Age. Coltan Ore, Remporal Dispossession, and 'Movement' in the Eastern Democratic Republic of the Congo", *American Ethnologist*, 3 fev. 2011.

29. Ver Yang, Jenny Chan & Xu Lizhi, *La Machine est ton seigneur et ton maître*. Marselha: Agone, 2015; Pauline Overeem, "The Poisonous Pearl. Occupational Chemical Poisoning in the Electronics Industry in the Pearl River Delta, People's Republic of China", SOMO, 5 set. 2016. Disponível em: *somo.nl*.

30. "The Global E-Waste Monitor 2020: Quantities, Flows and the Circular Economy Potential". Disponível em: *collections. unu.edu*.

31. Ver Claude Iguma Wakenge, *Stade Coltan. Extraction minière artisanale, réformes et changement social à l'est de la République démocratique du Congo*. Paris: L'Harmattan, 2019.

Há algo de *escatofágico* nesse processo que compõe o mundo dos dejetos, das descargas e da decomposição material.

É possível, pois, que certas regiões do mundo adentrem o mundo digital primordialmente pela via dos seus resíduos e dejetos, da imundície e do caos gerados por seus restos, depois que, a montante, as matérias-primas tenham sido evacuadas e a decomposição e a destruição tenham sido iniciadas. É difícil subestimar a violência desse choque. Essas são regiões da Terra forçadas a se recompor constantemente e que retêm em suas superfícies expostas os traços indeléveis da fragilidade e da vulnerabilidade. Ao mesmo tempo, os resquícios digitais que elas recebem envolvem-nas em novas relações, novas narrativas e novas práticas.

Miniaturização e digitalização

Vivemos, portanto, a era da miniaturização e da universalização dos novos objetos técnicos. É como se, doravante, a observação e a ação em escalas cada vez menores – a dos micróbios, dos radionuclídeos, dos grãos de poeira, dos vírus e das partículas finas – condicionassem o futuro técnico da humanidade. De mais a mais, novas entidades, com pouco ou nenhum grau de visibilidade, instáveis mas prolíficas, já permeiam a experiência humana do mundo. A título de exemplo, o sequenciamento do DNA humano revolucionou a biologia molecular. Foram criados biochips de DNA, biochips de células, biochips de proteínas, bio-objetos inéditos, como as nanopartículas funcionalizadas, que agora permitem analisar as próprias células e proteínas em escala infinitesimal.[32]

O que resta examinar é como essas dimensões infinitesimais se articulam com o que alguns chamaram de "panóptico horizontal", ou "panoptismo participativo", isto é, a forma assumida

32. Sobre essas dimensões infinitesimais, ver especialmente o número especial "Mondes infimes", editado por Tiziana Nicoletta Beltrame, Sophie Houdart e Christine Jungen, *Techniques & Culture*, n. 68, 2017.

pelo poder na nossa sociedade em rede, em que "todos vigiam, controlam, julgam e calibram uns aos outros sem um supervisor geral".[33] Com relação a isso, foi amplamente demonstrado que esse panóptico reticular, feito de uma miríade de espelhos, surge na interseção das mídias sociais digitais, do capitalismo cognitivo e dos gigantes da tecnologia digital, da governança neoliberal e da dinâmica autoritária impulsionada em parte pelas democracias contemporâneas. No monitoramento e no controle de todos por todos nas redes, por meio da busca de visibilidade e celebridade on-line, a renovação dos dispositivos de vigilância estatal através da internet e o controle exercido pelo mercado sobre os consumidores são dois de seus aspectos estruturantes.[34] Os objetos digitais integram uma *relação ecológica* mais ampla, em cujo âmbito cada objeto, tomado em sua singularidade, tem seu espelho, e só pode ser compreendido em relação a outros espelhos.

Somam-se a esse processo de miniaturização e universalização a generalização dos dispositivos computacionais e, por conseguinte, novas formas de acesso ao infrassensível, ao infraperceptível, ao infravisual e ao infrassônico. O que dizer, aliás, das novas modalidades de comunicação entre os indivíduos, da aceleração das velocidades, da fugacidade e efemeridade que passaram a ser constitutivas das nossas atmosferas? A tecnologia, especialmente em sua forma digital, não somente se integrou permanentemente a todos os aspectos de nossas vidas, mas se tornou nossa condição.[35] E, nesse sentido, propicia novas formas de experimentar e compor o mundo com o restante dos vivos.

O universo das novas conjunções técnicas (ou aquilo que outros chamaram de hiperespaço eletrônico) está, porém, longe de ser

33. Simon Borel, "Le panoptisme horizontal ou le panoptique inversé", *tic & société*, v. 10, n. 1, 2016. Ver na íntegra o número "Contrôle social, surveillance et dispositifs numériques".
34. Ibid.
35. Luciana Parisi, "The Alien Subject of AI", *Subjectivity*, v. 12, n. 1, 2019, pp. 27-48; Jean-Michel Salanskis, *Le Monde du computationnel*. Paris: Encre marine, 2011.

homogêneo. Sendo um meio fundamentalmente híbrido, apresenta características diversas, dentre as quais a mais marcante certamente se refere à imbricação entre o técnico e o social. Em muitos sentidos, o antropomorfismo e o tecnomorfismo passaram a condicionar a evolução da Terra e, com ela, a do mundo vivo como um todo.[36] Observemos, primeiramente, a importância que o *dedo* assume como órgão de articulação, e o lugar que ocupa no novo circuito de trocas entre o humano, o não humano e as superfícies em geral.

Em seu panorama da evolução humana, André Leroi-Gourhan indica que, enquanto "a tecnicidade manual se desenvolve de maneira quase exclusiva, uma nova forma de atividade progressivamente se apropria do campo facial: a mímica e a linguagem".[37] Os movimentos dos lábios e da língua se deslocam "das operações alimentares para a elaboração dos sons". Nasce assim uma relação íntima entre a tecnicidade manual e a linguagem. Essa troca entre gesto e fala, "entre o pensamento exprimível e a atividade criativa da mão", jamais poderia ter surgido sem a libertação das mãos.

Hoje, não é tanto a mão, mas o dedo que ocupa uma posição mais ou menos semelhante. O advento da civilização digital coincide com a libertação total do dedo. De fato, para pressionar um botão do mouse ou de outro dispositivo similar ou para executar uma ação na tela, para escrever, digitar ou processar um texto, armazená-lo na memória ou selecionar sinais, o primeiro a ser convocado é o dedo. A pressão por ele exercida sobre uma superfície tátil permite posicionar o cursor. Também é por intermédio dele que elementos são selecionados, aplicativos são acionados e dados computacionais são ordenados.

No entanto, o dedo não age sozinho. Seu emprego sempre é feito em combinação com os olhos e os ouvidos, a voz e o cérebro.

36. Ver Axel Kleidon, "How the Technosphere Can Make the Earth More Active", *Technosphere Magazine*, 29 maio 2019. Disponível em: *technosphere-magazine.hkw.de*.
37. André Leroi-Gourhan, "Libération de la main", *Pistes*, v. 16, n. 3, 2014.

Ele precisa dos músculos, por exemplo. Mas para que, em última instância, o gesto se concretize e a interação efetivamente ocorra, ele é praticamente indispensável. Quer se trate de "clicar" ou "tocar" (uma tela sensível ao toque), o dedo sempre é chamado a colaborar. A despeito disso, a ascendência do dedo por si só não basta para explicar as transformações que vêm ocorrendo. Será que a caneta óptica não desempenha funções semelhantes? Além disso, clicar ou tocar é, em última análise, uma forma de emitir uma voz. Essa forma de expressão de modo algum elimina a expressão oral propriamente dita. Além disso, graças aos avanços em inteligência artificial e reconhecimento de voz, as interações entre os humanos e os novos objetos técnicos conectados deixarão de ser monopolizadas pelo dedo.

À medida que se intensifica a corrida pela automação, pela predição e pela robotização, o suporte vocal (ou sonoro), por meio de *voicebots* (assistentes vocais) e *chatbots*, desempenhará um papel decisivo no aparato tecnossocial. O dedo será parte de um complexo sintático dentro do qual os aspectos visuais, imagéticos e sonoros ocuparão um lugar cada vez mais importante. Esse complexo sintático (linguagem, imagem, som e percepção) estará a serviço da máquina organocomputacional, cuja função, cabe insistir, é realizar cálculos à distância. Cálculos esses que têm por objeto a linguagem. Ela é o material constitutivo, visto que o cálculo da linguagem se realiza, por sua vez, na linguagem do cálculo. Mais do que o dedo e suas impressões digitais, é o próprio corpo que gradualmente vem assumindo o papel de identificador único. Em breve, carros, computadores e celulares reconhecerão apenas o seu dono.

Ao controle da matéria e da energia se soma também o controle da genética e dos cérebros naturais e artificiais. A biometria sonha em mensurar e certificar características físicas como o rosto, a íris e a forma da mão. Em seguida, passa-se à leitura das mentes, graças a técnicas como a eletroencefalografia ou a magnetoencefalografia, isto é, se não chegarmos antes à utilização dos cérebros dos indivíduos vivos como impressões digitais para estabelecer suas potencialidades. Contudo, é ainda o reconhecimento da linguagem natural que emerge como uma das chaves para as interfaces do futuro. No fim das contas, a meta a ser atingida é falar com as máquinas em linguagem natural, por meio do pensamento. Mas primeiro é preciso coletar os dados. Como tudo o que é essencial na vida ocorre no cérebro, precisamos construir ferramentas capazes de monitorar sua atividade, da mesma forma que a dos olhos, dos ouvidos, da voz etc. Para isso, precisamos de sensores, especialmente sensores dos movimentos oculares.

Depois vem a tela, que é simultaneamente a *chancela*, o *santuário profano* e o *palco* por excelência. A tela é a um só tempo o selo oficial e a efígie desse corpo singular, tão polido quanto proteiforme, que chamamos de máquina *organocomputacional*. É seu palco na medida em que a tela é um lugar triplo: o lugar da aparição/ofuscação, do desvanecimento e da epifania, o tabernáculo daquilo que caberia chamar de incorporação sensorial. A tela possibilita encontros entre distintas individualidades que estão distantes no espaço físico, no tempo, ou mesmo ontologicamente. É um aglutinante e um operador de conexão, mas também uma espécie de altar e um abrigo. No centro dessa incorporação sensorial está o globo ocular, o órgão da visão. O olho capta o sinal luminoso e transmite a informação ao cérebro, que a reinterpreta e a transforma em formas e cores.

As telas, portanto, só adquirem sentido na relação com os olhos, com as cores. Mas, assim como no caso dos artrópodes, estamos falando de *olhos compostos*. Essa é, em grande medida, uma das funções dos chamados "óculos inteligentes". Como no caso das moscas, libélulas ou caranguejos, trata-se de empregar um conjunto de fotorreceptores sensíveis à luz, olhos multifacetados, implantando no corpo humano o equivalente a um aparelho dióptrico para refração da luz. Se não houver luz, deixa de haver tela. Mas luz também significa velocidade, propagação de uma onda eletromagnética, seja no vácuo ou na matéria.

A tela é, portanto, o aparelho de realidade virtual por excelência. Ela permite mergulhar em um mundo artificial criado digitalmente. Mundo ao mesmo tempo real e imaginário. Convida a uma experiência simultaneamente visual, auditiva e, em alguns casos, tátil e quase religiosa. Nesse sentido, basta ver a forma como se realiza o casamento entre tecnologia e religião. Dispositivos como videogames on-line, *webcams*, *websites*, *blogs*, plataformas de vídeo, aplicativos, projetores digitais, televisores digitais, tudo isso está agora integrado à realização do culto e à prática da fé. As religiões hoje sabem como usar tecnologias digitais de informação e comunicação para transmitir palavras e imagens, oferecer novas modalidades de adoração, reler textos e praticar ritos, em suma, para instituir uma nova ordem do símbolo, da redenção e da comunhão. Em contrapartida, instaura-se uma espiritualidade tecnológica, moldada a partir da experiência extática.

Como bem se sabe, o protestantismo em particular "coloca grande ênfase na experiência extática do Espírito Santo e na prática dos dons espirituais".[38] Imposição de mãos, profecia, cura milagrosa, exorcismo, falar em línguas (glossolalia) e revelações por meio de sonhos ou visões são parte de uma panóplia de gestos cujo objetivo final é expulsar forças demoníacas. Animismo, portanto, não no sentido de uma árvore que abrigaria uma divindade, ou de uma divindade que se esconderia atrás de uma cachoeira, mas no sentido de qualquer objeto ser capaz de assumir a forma de um espelho. Dessa forma, o objeto tecnológico torna-se o centro de um ritual mais ou menos formal, ou então a superfície de

38. Philippe Gonzalez, *Que ton règne vienne. Des évangélistes tentés par le pouvoir absolu*. Genebra: Labor et Fides, 2014.

um encontro, o vetor de uma estimulação dos sentidos, sobretudo dos sentidos eletroperceptivos do usuário do objeto tecnológico, seja ele material ou desmaterializado, auditivo ou visual.

Existe, assim, um substrato material e corporal das práticas tecnoanimistas. O tecnoanimismo contemporâneo se caracteriza pela sensorialidade. Os objetos tecnológicos não são, rigorosamente falando, objetos de culto. Não constituem a sede de uma divindade propriamente dita. Sem dúvida estão envolvidos em todo tipo de transação material. Mas também veiculam mitos, o simbolismo que ao mesmo tempo encarnam. São animados por transfusões de sentimentos, intenções e desejos. É assim que, dotando-se de personalidade, passam a estar vivos, a meio caminho entre objetos propriamente ditos, espíritos e sujeitos. E, por estarem vivos, convidam a atividades rituais e se abrem para técnicas específicas do corpo.

Ao mesmo tempo matéria da fé e fé na matéria, esses objetos encarnam esquemas sensoriais, criam um mundo sensorial: acústicos, térmicos, aparelhos sensoriais ampliados, indutores de paisagens sentimentais e humorais. São relações singulares que os indivíduos contemporâneos mantêm com os objetos técnicos, tidos como oferendas. O tecnoanimismo é fundamentalmente uma modalidade processual do animismo, que se manifesta na fabricação e no consumo dos objetos. Trata-se de um consumo criativo e apropriativo, que se efetua de forma litúrgica. A performance do objeto é um elemento-chave de seu consumo. Praticamente todo objeto vincula um ritual e uma liturgia ou os torna possíveis. Não existe estética sem liturgia.

De fato, a maioria das velhas indagações metafísicas está ressurgindo. Em que consistem a natureza humana e, mais além dela, a vida? O que nos torna sujeitos morais? Qual o nosso destino na Terra? Por muito tempo, esses questionamentos pareciam preocupar apenas teólogos, metafísicos e filósofos da existência. Por mais estranho que possa parecer, hoje eles estão de volta, inclusive e sobretudo entre os cientistas. Mas, enquanto no passado se tratava de definir se o ser humano é primordialmente corpo ou espírito, hoje o debate consiste em saber se é matéria e somente matéria, ou se, em última instância, não passa de uma compilação de processos físicos e químicos. A discussão também trata de saber onde termina o mundo vivo, quais os futuros possíveis da vida na era dos extremos, e sob quais condições a vida se extingue.

A totalidade mágica

O corpo, a matéria e a vida são três conceitos bastante distintos. Já não é necessário aderir ao cristianismo para entender que, dentro de cada corpo humano em sua unidade orgânica e em sua anarquia primordial, existe algo que não é apenas matéria. A esse algo foram dados diversos nomes, conforme a cultura e a época, mas, quaisquer que sejam as diferenças culturais, a verdade do corpo humano sempre resistiu a toda e qualquer redução. O mesmo se aplica ao que poderíamos chamar de corpo da Terra, que se revela por sua profusão, que tem justamente como traço típico os surtos virais.

São muitos os que veem nos vírus e epidemias uma demonstração do poder quase infinito da natureza. Acreditam se tratar de algo como uma manifestação cósmica, um prenúncio das catástrofes que estão por vir. Para outros, é a culminação lógica do projeto de um mundo sem Deus, que eles acusam a modernidade de ter gerado. O mundo sem Deus, supostamente livre, estaria na realidade abandonado à própria sorte e sem ter a quem recorrer. No limite, só teria contribuído para sujeitar os seres humanos às limitações de uma natureza hoje convertida em poder arbitrário. Na verdade, a ausência de Deus dificilmente poderia ser considerada o fator determinante do mundo de hoje. Tampouco sua presença virulenta e vingativa, sob a forma da violência dos vírus e de outras calamidades naturais, chega a constituir o traço marcante da nossa época. A marca distintiva do início do século XXI é a guinada para o animismo.

Conjugadas com a escalada tecnológica, as transformações do capitalismo efetivamente acarretaram uma dupla sobrecarga: de alento e de artefatos. Nada traduz melhor esses ônus do que o universo tecnodigital que se tornou a réplica do nosso mundo. Como já dissemos, é inerente à humanidade contemporânea atravessar telas continuamente e permanecer imersa em máquinas de imagens, máquinas ficcionais. Em sua maioria, essas imagens e ficções são *animadas* e produzem todo tipo de ilusões e fantasias, a começar pela fantasia do autoengendramento. Acima de tudo, no entanto, tornam possíveis novas formas de presença e circulação, de encarnação e reencarnação.

Nesse universo, não só é possível se desdobrar ou existir ao mesmo tempo em mais de um lugar e em mais de um corpo ou forma. Também é possível ter avatares, quer dizer, outros eus a meio caminho entre o corpo propriamente dito e a imagem do corpo do sujeito na tela. Aliás, a travessia das telas se tornou a principal atividade da humanidade contemporânea. Ela nos permite ultrapassar nossos limites corporais e introduz o salto sem redes de proteção para dentro de mundos paralelos. Ao se transportar para o outro lado da tela, a humanidade pode agora estar presente em si mesma e distante de si mesma.

O animismo contemporâneo, por sua vez, é fruto de uma ampla reconstrução do ser humano. A era da segunda criação de fato já começou. A questão agora é captar por meios técnicos a energia do mundo vivo e transferi-la para o ser humano, em um processo que evoca a própria criação original. Desta vez, porém, o projeto é capturar todas as capacidades dos seres vivos em compostos organossintéticos que, naquilo que importa, sejam dotados de características da pessoa humana. Esses compostos são concebidos para operar como réplicas do humano. Ainda ontem consideradas remanescentes do obscurantismo típico das assim chamadas sociedades primitivas, as formas contemporâneas de animismo são perfeitamente compatíveis tanto com a inteligência artificial, os supercomputadores e os nanobots quanto com os neurônios artificiais, os *chips* de identificação por radiofrequência (RFID) ou a "teclepatia" das interfaces neurais.

Como também já foi repetido, essa segunda criação é essencialmente profana. Ela passa por um processo tríplice de decorporação, recorporação e transcorporação que, ao instrumentalizar o corpo humano, faz dele um vetor de hibridização e simbiose. Esse processo tríplice está na base das novas religiões tecnológicas, desestabilizando profundamente a maioria das categorias fundamentais do mistério cristão, incluindo a própria criação, a encarnação, a transfiguração, a ressurreição, a ascensão e até mesmo a eucaristia ("eis o meu corpo").

Com a cibernetização do mundo, tanto o humano quanto o divino são transferidos para uma infinidade de objetos tecnoinformáticos, de telas interativas e de máquinas físicas, objetos que se tornaram verdadeiros cadinhos nos quais se forjam visões e crenças, as metamorfoses contemporâneas da fé. As religiões tecnológicas contemporâneas são, nesse sentido, expressões do animismo. Contudo, também se descolam dele, na medida em que são regidas pelo princípio do artifício, ao passo que o princípio que regia animismo ancestral era o da força vital.

No animismo ancestral, não havia corpo nem vida sem ar, sem água e sem um solo comum. Nos sistemas de pensamento pré-coloniais africanos, por exemplo, a vida e o corpo, e em decorrência disso o ser humano, estavam fundamentalmente abertos ao ar e ao alento, à água e ao fogo. Essa porosidade elementar lhes conferia a essencial elasticidade e fragilidade. Acreditava-se que era na realidade do ar e da respiração que se cumpria a aventura humana na Terra, que só poderia durar se um espaço fosse aberto para a regeneração dos ciclos vitais.

Simondon disse que é "possível comparar o pensamento técnico com o pensamento religioso".[39] Indo ainda mais longe, afirmou que essas duas culturas "existem como um casal, como resultado da duplicação de um pensamento primitivo completo, o pensamento mágico".[40] Em sua essência, a relação entre técnica e religião era de desdobramento. De acordo com essa perspectiva, entre o pensamento técnico e o pensamento mágico haveria não apenas uma espécie de unidade original. Tanto o pensamento técnico quanto o pensamento religioso teriam retido, em seu ser, a memória um do outro. Uma "obra técnica" pode "equivaler a um ato religioso" e uma obra religiosa pode "ter a força organizadora e operacional de uma atividade técnica".[41] Havia na origem uma "totalidade mágica" que foi posteriormente abandonada.[42]

Nos pensamentos pré-coloniais africanos, a reticulação do universo se processava por intermédio dos objetos, que, considerados como um todo, constituíam uma linguagem no interior de uma economia simbólica. Vejamos o caso do machado e da enxada de madeira e sua morfologia. Ferramenta de ferro, o machado dos bambaras era formado por um cabo de madeira que terminava em uma espécie de maça, atravessada por uma barra de ferro que o artesão dobrava "para fixar a lâmina afiada do machado propriamente dito". Cada uma das partes do machado tinha seu simbolismo próprio. Por exemplo, a maça que o ferreiro guardava em seu altar era oca e continha painço e cobre. O pedaço de ferro que a atravessava representava a língua do mais velho entre os ferreiros e lembrava "os feitos e os ditos daqueles

39. Gilbert Simondon, *Du mode d'existence des objets techniques*, op. cit., p. 248.
40. Ibid.
41. Ibid., p. 249.
42. Ibid.

que, para o bem de todos, descobriram o ferro".[43] Quanto à extremidade das enxadas de madeira, era abandonada na encruzilhada todos os dias após o uso, "em homenagem ao gênio do lugar". Todo objeto confeccionado era um *ser técnico*, pois, para ser eficaz, mobilizava uma multiplicidade de energias e forças vitais que dele faziam um vetor de respiração.

Mas tanto os objetos técnicos quanto os símbolos cumpriam, cada um à sua maneira, finalidades práticas. Cada objeto tinha sua individualidade, parcialmente decorrente de sua forma, de sua inclusão em relações mútuas, e invariavelmente frágeis, de permuta com outros objetos (os objetos entre si) e com os seres humanos e o resto dos seres vivos. Cada objeto desencadeava efeitos específicos e, nesse aspecto, era dotado de relativa autonomia. Podia ser instrumentalizado de uma forma própria. Portanto, estava vivo, quer dizer, *animado*.

Apesar das aparências, estamos de fato longe ainda de encerrar a velha indagação sobre o que é "humano" e o que o distingue de um objeto, de um animal, de uma planta, de outros seres vivos, ou então de uma mera ferramenta ou de um simples instrumento? Como passamos do humano ao "homem", e o que restará dele quando estiver despojado de seus ouropéis? Indagação essa que talvez seja supérflua diante de suas múltiplas derivações, mas que é importante revisitar, especialmente num momento em que a aventura humana na Terra está tomando um rumo sem precedentes, o que constantemente nos lembra de que ela não é interminável. Nada do que nos aconteceu foi acidental. A maior parte do que nos acontecerá a partir de agora será por meio de objetos técnicos. Eles são um legado da razão e da cultura. Cada objeto técnico carrega consigo os traços do engenho humano. Mais do que sua materialidade, é isso que faz com que cada objeto técnico esteja vivo. E é por estarem imbuídos desse espírito

43. Ibid., p. 109.

que os objetos falam e que alguns deles perduram, à maneira das estátuas. É graças a eles que a vida se perpetua, bem como, muito além dela, a força e a energia do desejo e da vontade.

Não há nenhum objeto técnico que não seja também um signo. Assim como os organismos vivos, os objetos técnicos sempre figuram no seio de um ambiente semiótico. Estão, pois, por definição, implicados em sistemas de troca e de interpretação. Por outro lado, são uma das manifestações do labor que é a vida. Neles, a vida se perpetua por outros meios. Afinal, cada objeto abre, afirma, expressa e celebra, à sua maneira, não apenas uma possibilidade futura, mas também uma possibilidade de futuro.

Portanto, os sistemas de objetos são intrinsecamente sistemas de signos. Em seus objetos, a espécie humana se dotou de corpos materiais e de órgãos artificiais. Com isso, ela se exteriorizou. Mas esses corpos artificiais não são apenas corpos mecânicos ou moleculares. São também corpos-sinais, vivos enquanto signos, ou seja, enquanto reservas de informações e significados. De modo algum será possível reduzir esses significados ao uso que deles é feito. Estão sempre inseridos no âmbito de uma ecologia mais ampla, de uma *ecologia geral*, de um meio, ou melhor, de um mundo. Mas os objetos mais poderosos são aqueles que se abrem para mundos desconhecidos, de cuja existência talvez se suspeite, mas que permanecerão invisíveis até que o objeto apareça. Tais objetos epifânicos são, na verdade, raros. Funcionam como portas que dão acesso não a redomas, mas a mundos plásticos.

Equipada com interfaces adequadas, a pessoa pode experimentar sensações relacionadas ao toque e a outros impactos. Pode ter a experiência das cores, isto é, a percepção visual que o olho humano – aumentado, neste caso – tem da distribuição espectral da luz. O objetivo é criar um mundo em que estejam enxertados ou incrustados em tempo real toda sorte de objetos reais e virtuais, sejam eles animações, sons, dados ou textos que possam ser visualizados.

Por meio da tela se passa do digital ao numenal. O sujeito humano não está mais apenas situado em meio às máquinas. Elas operam por intermédio do sujeito, numa relação íntima de incorporação que não é uma mera hibridização. Um se tornou a imagem operante do outro. A máquina não tomou o lugar do sujeito nem vice-versa. Um se tornou o avatar do outro, sua interface visível porém intangível, um *objeto-imagem* acoplado à sua *imagem-objeto*. É de fato graças a esse processo de transfiguração que um e outro podem atravessar a tela, que já não é apenas a moldura material que dá a ver. O que é mostrado precisa ser capaz de se mover e interagir, e parte de seu poder deriva precisamente de seu caráter efêmero.

A tela, por sua vez, é o cenário de uma reunião singular, do sinal, do código e do sujeito. É na tela, nessa superfície luminosa, que as ações recíprocas de todos eles se conjugam.[44] Os seres humanos não chegam a se ausentar dali por completo, mas o *ser técnico*, por intermédio da imagem interativa, ganha ali em intensidade e autonomia. Tais dispositivos, por outro lado, dependem quase inteiramente dos mais diversos tipos de conexões. Para funcionar, exigem sensores que possibilitem a localização, a detecção e o rastreamento, bem como a coleta de dados relacionados às nossas palavras, aos nossos gestos e até mesmo aos nossos desejos e emoções.

44. Étienne Pereny, *Images interactives et jeu vidéo. De l'interface iconique à l'avatar numérique*. Paris: Éditions Questions Théoriques, 2013, p. 60.

Capítulo 4

A PESAGEM DAS VIDAS

Duas questões nos afligem hoje e continuarão a nos assombrar por boa parte deste século. A primeira se refere aos *futuros do mundo vivo* e a segunda ao *futuro da razão e da liberdade*. Estamos às voltas com esses temas num momento em que a humanidade parece estar finalmente se dando conta de que, na ausência de um profundo reajuste em nossos modos de existência, regiões inteiras da Terra poderão se tornar impróprias para a vida num futuro próximo.[1] Muitos de nós nos perguntamos como habitar e compartilhar da forma mais equitativa possível um planeta cujo sistema de suporte à vida foi danificado pela atividade humana de forma tão drástica que precisa com urgência de auxílio e reparação.[2] Dado o estado de fragmentação em que está mergulhado o nosso planeta, muitos se perguntam de que maneira deveríamos restaurá-lo, quer dizer, recompor suas várias partes com o objetivo de reconstituí-lo como um sistema integrado no qual humanos e não humanos, componentes físicos, químicos e biológicos, oceanos, atmosfera e solos estivessem imbricados numa relação de biossimbiose e interdependência.[3]

1. Dipesh Chakrabarty, *The Climate of History in a Planetary Age*. Chicago: University of Chicago Press, 2020; Ian Baucom, *History 4° Celsius. Search for a Method in the Age of the Anthropocene*. Durham: Duke University Press, 2020; Shital Pravinchandra, "One Species, Same Difference? Postcolonial Critique and the Concept of Life", *New Literary History*, v. 47, n. 1, 2017, pp. 27-48.

2. Stein Pedersen, Jakob Valentin, Bruno Latour e Nikolaj Schultz, "A Conversation with Bruno Latour and Nikolaj Schultz. Reassembling the Geo-Social", *Theory, Culture & Society*, v. 36, n. 7-8, 2019, pp. 215-230.

3. N. Katherine Hayles, "Novel Corona. Posthuman Virus", *In the Moment*, 17 abr. 2020. Disponível em: *critinq.wordpress.com*; ver também Achille Mbembe, "The Universal Right

São bem palpáveis essas questões de habitabilidade e biossimbiose, viabilidade e durabilidade, entrelaçamento da história humana e da história terrena.[4] As mudanças em curso que afetam o meio ambiente global as tornaram ainda mais prementes, e elas já ocupam o centro dos debates sobre os futuros do mundo vivo e o porvir da razão neste século.[5] Enfrentar essas questões exige que concentremos nossa atenção em determinados megaprocessos que condicionam aquilo que poderiam se tornar a humanidade e o planeta em que vivemos (até o momento, o único conhecido capaz de abrigar vida).

Seres tecnológicos e objetos vivos

Se acreditarmos nos estudos mais recentes sobre a trajetória do sistema terrestre, estamos nos acercando a passos largos do limiar além do qual a Terra corre o risco de se transformar irreversivelmente numa estufa.[6] No sentido estrito do termo, a estufa é um local impróprio para a ocupação humana, nem habitável nem propício à respiração.[7] É também um lugar incapaz de suster qual-

to Breathe", *In the Moment* (blog), 13 abr. 2020; Paul Gilroy, "'Where Every Breeze Speaks of Courage and Liberty'. Offshore Humanism and Marine Xenology, or, Racism and the Problem of Critique at Sea Level", *The 2015 Antipode RGS-IBG Lecture*, 30 maio 2017.

4. Charles Lineweaver e Aditya Chopra, "The Habitability of Our Earth and Other Earths. Astrophysical, Geochemical, Geophysical, and Biological Limits on Planet Habitability", *The Annual Review of Earth and Planetary Sciences*, v. 40, 2012, pp. 597-623; Dipesh Chakrabarty, "The climate of history. Four theses", *Critical Inquiry*, v. 35, n. 2, 2009, pp. 197-222; James F. Kasting e David Caitling, "Evolution of a habitable planet", Annual Review of Astronomy, *Astrophysics*, v. 41, 2003, pp. 429-463.

5. Juan Francisco Salazar, "Microbial Geographies at the Extremes of Life", *Environmental Humanities*, v. 9, n. 2, 2017, pp. 398-417.

6. A respeito dessas discussões, ver Andrew J. Rushby, Claire W. Mark, Hugh Osborn e Andrew J. Watson, "Habitable Zone Lifetimes of Exoplanets Around Main Sequence Stars", *Astrobiology*, v. 13, n. 9, 2013, pp. 833-849; Yutaka Abe, Ayako Abe-Ouchi, Norman H. Sleep e Kevin J. Zahnle, "Habitable Zone Limits for Dry Planets", *Astrobiology*, v. 11, n. 5, 2011, pp. 443-460; Aaron L. Gronstal, "Under the Bright Lights of an Aging Sun", *Astrobiology*, 4 jul. 2014.

7. Achille Mbembe, *Brutalismo*, op. cit.

quer forma de vida, um caldeirão no qual o corpo humano (que, para muitos, é sua única posse) será assado até a morte, num processo interminável de radiação, calcificação e petrificação.

Desde há muito tempo, a humanidade tem ponderado sobre o mistério do surgimento da vida, de sua distribuição no espaço e de suas condições de evolução e resiliência. Mas já não importa tanto saber se a vida emergiu de uma minúscula poça d'água ou em fontes hidrotermais submarinas. É comumente aceito hoje em dia que a vida tem sua origem a partir da química do próprio Universo. Não se trata de uma simples energia ou de um conjunto de propriedades. É uma *atividade* em si mesma. Não se adaptou passivamente a ambientes preexistentes: ela os modificou à medida que se modificava a si mesma, de modo que os ambientes mudaram as formas de vida tanto quanto as formas de vida mudaram os ambientes.

Também é aceito que a vida tem a capacidade de se reproduzir reduzindo sua entropia à custa de fontes externas. Ela é autossuficiente. A forma de vida mais abundante na Terra é a microbiana. As formas de vida complexas, baseadas no carbono, constituem apenas uma ínfima parcela dos organismos vivos que habitam o planeta. Entre outras condições, elas dependem da presença de água líquida. Para serem viáveis e perenes, precisam estar situadas a uma distância ótima de uma estrela, de modo que o calor por ela emitido impeça tanto o congelamento quanto a evaporação da água.[8] Até o momento, a Terra é considerada o único planeta capaz de abrigar essas formas complexas de vida.[9]

Estamos hoje em um importante ponto de inflexão. A grande questão já não é apenas o modo como diferentes práticas da genômica humana vêm remodelando os contornos da medicina, do

8. Charles Lineweaver e Aditya Chopra, "The Habitability of Our Earth and Other Earths", loc. cit., James F. Kasting e David Caitling, "Evolution of a Habitable Planet", loc. cit.

9. Para novas perspectivas a respeito desse tema, ver Lisa Messeri, "Gestures of Cosmic Relation and the Search for Another Earth", *Environmental Humanities*, v. 9, n. 2, 2017, pp. 325-340.

capital e das formações sociais.[10] As vinculações entre a bioeconomia global e as experiências reprodutivas mais íntimas estão fartamente documentadas.[11] O mesmo se aplica à recomposição dos futuros demográficos por meio de um novo eugenismo liberal.[12] A biologia reprodutiva, por exemplo, foi direcionada para gerar novas formas rentáveis de mais-valia.[13] Nesta era pós-genômica, a possibilidade de patentear a própria vida contribui cada vez mais para reconfigurar as relações entre biopolítica, necropolítica e capitalismo.[14]

Em grande medida, a constante disrupção e a exposição de cada um a todos os tipos de riscos (sociais, biológicos, humanos e animais), muitas vezes letais, são cada vez mais *incorporadas*, ou seja, adquiridas, vendidas e integradas a complexas arquiteturas de controle e partilha.[15] Ao estudar o impacto dos disruptores endócrinos sobre a reprodução e a morfologia sexual dos organismos, Malin Ah-King e Eva Hayward enfatizaram o quanto as espécies animais são acometidas por enfermidades, pelo câncer e pela degradação dos *habitat*.[16] Os trabalhadores dos países

10. Nikolas Rose, *The Politics of Life Itself. Biomedicine, Power, and Subjectivity in the Twenty-First Century*. Princeton: Princeton University Press, 2007; Kaushik Sunder Rajan, *Biocapital. The Constitution of Postgenomic Life*. Durham: Duke University Press, 2006.

11. Laura Perler e Carolin Schurr, "Intimate Lives in the Global Bioeconomy. Reproductive Biopolitics of Mexican Egg Donors", *Body & Society*, v. 27, n. 3, 2020.

12. A respeito dessas discussões, ver Ute Tellmann, "Catastrophic Populations and the Fear of the Future. Malthus and the Genealogy of Liberal Economy", *Theory, Culture & Society*, v. 30, n. 2, 2013, pp. 135-155; Amy Hinterberger, "Investing in Life, Investing in Difference. Nations, Populations and Genomes", *Theory, Culture & Society*, v. 29, n. 3, 2012, pp. 72-93; Mitchell Dean, "The Malthus Effect. Population and the Liberal Government of Life", *Economy and Society*, v. 44, n. 1, 2015, pp. 18-39.

13. Melinda Cooper e Catherine Waldby, *Clinical Labor. Tissue Donors and Research Subjects in the Global Bioeconomy*. Durham: Duke University Press, 2014.

14. Ayo Wahlberg e Nikolas Rose, "The Governmentalization of Living. Calculating Global Health", *Economy and Society*, v. 44, n. 1, 2015, pp. 60-90. Ver também Kaspar Villadsen e Ayo Wahlberg, "The Government of Life. Managing Populations, Health and Scarcity", *Economy and Society*, v. 44, n. 1, 2015, pp. 1-17.

15. Annalisa Colombino e Paolo Giaccaria, "Dead Liveness/Living Deadness. Thresholds of Non-Human Life and Death in Biocapitalism", *Environment and Planning D: Society and Space*, v. 34, n. 6, 2016, p. 1 044-1 062.

16. "Toxic Sexes. Perverting Pollution and Queering Hormone Disruption", *Technosphere Magazine*, 20 mar. 2019.

em desenvolvimento se veem expostos a pesticidas, inseticidas, produtos químicos, hormônios artificiais e medicamentos, todos proibidos nos ricos países do Norte.

Em todo o mundo, produtos os mais diversos trazem sua carga de esteroides e seus compostos: garrafas plásticas, recipientes, materiais odontológicos, recibos de papel, latas, roupas, aparelhos eletrônicos, perfumes sintéticos, produtos de limpeza e cosméticos. Devido à natureza precária dos ecossistemas aos quais pertencemos, o ar que respiramos, a água que bebemos e nossos próprios organismos estão sendo gradualmente transformados em outra coisa.[17] Nesse novo regime de distribuição de recursos químicos, nutrientes e poluentes, não apenas o mundo vivo se retrai ao ponto de definhar, mas também os limites habituais entre interior e exterior passam a ser questionados. A continuidade e a inextricabilidade entre os organismos e seu ambiente encontram-se ameaçadas, de modo que uma biologia inteiramente nova está prestes a surgir,[18] trazendo a reboque formas inéditas de divisão da Terra.

A questão central hoje consiste, ou deveria consistir, em entender como as formas complexas de vida poderiam ser reproduzidas, sustentadas, perenizadas, preservadas e universalmente compartilhadas à sombra de uma possível catástrofe cósmica. De fato, a vida humana enquanto tal tende a ser vista mais e mais à luz das condições que determinam seu fim.[19] Mais do que isso, à medida que nos conscientizamos de que todos os seres vivos estão estreitamente imbricados uns nos outros, nossa escala de tempo se reconfigura. O corpo humano, por exemplo, é um verdadeiro lar para os vírus. A matéria vegetal abastece as bactérias,

17. Michelle Murphy, "Alterlife and Decolonial Chemical Relations", *Cultural Anthropology*, v. 32, n. 4, 2017, pp. 494-503.

18. Flavio d'Abramo e Danya E. Vears, "Health, Wealth and Behavioral Change", *Journal of Community Genetics*, v. 9, n. 2, 2018, pp. 153-167.

19. Michael Richardson, "Climate Trauma, or the Affects of the Catastrophe to Come", *Environmental Humanities*, v. 10, n. 1, 2018, pp. 1-19; Nigel Clark, "Anthropocene Bodies, Geological Time, and the Crisis of Natality", *Body and Society*, v. 23, n. 3, 2017, pp. 156-180.

que, por sua vez, abastecem as células animais, num incessante entrecruzamento de múltiplas formas de vida. Como resultado, os processos terrestres que desafiam o senso humano de tempo (ou a escala convencional da história humana) tornam-se cruciais para nossa compreensão do porvir do planeta.[20]

Essas mudanças decorrem, em parte, de descobertas recentes nos campos da astrobiologia, da planetologia e da cosmologia física.[21] Essas disciplinas contribuíram enormemente para descentralizar a dimensão terrestre e, ao fazê-lo, *extraterritorializaram* o questionamento humano sobre a vida e seus futuros, ao mesmo tempo em que redefiniram os limites, fronteiras e horizontes do mundo vivo enquanto tal. Crucial para isso foi a descoberta de organismos biológicos nos desertos mais áridos do planeta e em lagos subglaciais e fontes termais – em lugares considerados intrinsecamente impróprios para abrigar vida. Igualmente decisiva foi a descoberta de micróbios em suspensão que foram capturados na estratosfera, bem como de animais microscópicos capazes de biostase. Essas e outras descobertas recentes levaram a uma reavaliação da noção comumente aceita de ambiente habitável. Elas permitiram redefinir *quais são de fato os pré-requisitos da vida, o que significa estar vivo*. Mais importante ainda, elas nos convidam a reconsiderar como *poderíamos sobreviver* em condições extremas (às quais nossas novas circunstâncias de vida no planeta possivelmente não tardem a se assemelhar).

Nesse meio-tempo, foram obtidos avanços irreversíveis no campo das tecnologias de reprodução assistida. Tornou-se corriqueira a recomposição genômica da biomatéria. Muitos organismos são agora regidos pela legislação patrimonial, inclusive com

20. Dipesh Chakrabarty, "Anthropocene Time", *History and Theory*, v. 57, n. 1, 2018, pp. 5-32.
21. Istvan Praet, "Astrobiology and the Ultraviolet World", *Environmental Humanities*, v. 9, n. 2, 2017, pp. 378-397.

alguns deles comercializados como bens privados.[22] Muito se discute a respeito de como a vida na Terra poderia ser reproduzida e preservada, e sob quais condições seu possível fim ameaçar se impor a nós. Essas discussões se baseiam em dois elementos centrais: de um lado, a iminente catástrofe ecológica e, de outro, o surgimento de formas de vida tecnomoleculares aptas a se propagar.[23]

Do capital como campo magnético

Esses dois fenômenos se veem reforçados por uma concentração sem precedentes de poderes e saberes (políticos, financeiros e tecnológicos) nas mãos das grandes empresas privadas de "tecnologia", cujo raio de ação não se limita a um país ou continente, mas se estende por todo o planeta.[24] A "soberania corporativa" assumiu diferentes formas ao longo da história. Como exemplo, recordamos a Companhia Britânica das Índias Orientais e o tipo de poder incontrastável, normalmente restrito às instituições estatais, que ela exerceu em determinadas regiões do subcontinente indiano durante o século XVIII. Essa entidade composta, difusa e híbrida foi capaz de adquirir territórios e impor sua autoridade às populações conquistadas. Podia realizar operações em grande escala, como cobrar impostos ou promover guerras. Em concorrência direta com o Estado nacional monárquico, ela desempenhou um papel decisivo em meio às várias formas institucionais e constitucionais que asseguraram a expansão imperial na época.[25]

22. Stefan Helmreich, Sophia Roosth e Michele Friedner, *Sounding the Limits of Life. Essays in the Anthropology of Biology and Beyond*. Princeton: Princeton University Press, 2016.

23. Michael J. Crowe, *The Extraterrestrial Life Debate, 1750-1900. The Idea of a Plurality of Worlds from Kant to Lowell* Cambridge: Cambridge University Press, 1986; Steven J. Dick (org.), *The Impact of Discovering Life beyond Earth*. Cambridge: Cambridge University Press, 2015.

24. Adriano Cozzolino, "Reconfiguring the State. Executive Powers, Emergency Legislation, and Neoliberalization in Italy", *Globalizations*, v. 16, n. 3, 2019, pp. 336-352.

25. Philip J. Stern, *The Company-State. Corporate Sovereignty and the Early Modern Foundations of the British Empire in India*. Oxford: Oxford University Press, 2011.

São bem conhecidas as condições que tornaram possível a expansão do governo privatizado e o crescente patenteamento de espécies vivas na primeira metade do século XXI. Algumas delas derivam do arcabouço jurídico que embasa os acordos internacionais de livre comércio, os contratos de investimento estrangeiro e outros mecanismos semelhantes, graças aos quais os mercados financeiros se tornaram a força mais poderosa e elusiva de nosso tempo. Como resultado da diversificação da atividade metabólica, os mercados evoluíram para sistemas complexos de extração e digestão tanto de recursos quanto de informações de todo tipo. São capazes de ingerir qualquer organismo, morto ou vivo, e de convertê-lo ou em valor ou em refugo (necrocapitalismo).

Outras condições estão ligadas à evolução do conhecimento e das tecnologias, em especial a transformação computadorizada dos mercados financeiros e as novas possibilidades trazidas pelas tecnologias de mídia.[26] Há outras que podem ser explicadas por mudanças radicais dos mercados, instrumentos e instituições do setor financeiro, que alteraram profundamente as interações entre a economia "real" e o sistema financeiro. Em um contexto de risco e incerteza crescentes, o capital fictício passou a se alimentar de diferentes formas de renda.[27] A extração não mais se restringe a matérias-primas contidas em enclaves específicos.[28] A extração de dados tornou-se um fator essencial nos processos de produção, circulação e consumo, bem como na restituição da mais-valia.[29]

26. Armin Beverungen e Ann-Christina Lange, "Cognition in High-Frequency Trading. The Costs of Consciousness and the Limits of Automation", *Theory, Culture & Society*, v. 35, n. 6, 2018, pp. 75-95.

27. Thomas F. Purcell, Alex Loftus e Hug March, "Value – Rent – Finance", *Progress in Human Geography*, v. 44, n. 3, 2019, pp. 437-456.

28. Ver, a respeito, Nicolas Donner, "Note sur la dimension immunitaire des enclaves pétrolières", *EchoGéo*, n. 17, 2011; Hannah Appel, *The Licit Life of Capitalism. US Oil in Equatorial Guinea*. Durham: Duke University Press, 2019.

29. Jathan Sadowski, "The Internet of Landlords. Digital Platforms and New Mechanisms of Rentier Capitalism", *Antipode*, v. 52, n. 2, 2020, pp. 562-580.

Seja como for, o capital e os mercados agora devem ser entendidos tanto como *campos magnéticos* quanto como determinantes essenciais do sistema climático da Terra. A distinção tradicional entre o poder econômico das empresas e a soberania dos Estados é algo cada vez mais questionável.[30] Em sua maioria, as grandes empresas aspiram à secessão relativamente ao resto da sociedade, ao mesmo tempo em que exercem sua vigilância sobre todos. Seu grande projeto é eximir-se da tributação e não prestar contas a ninguém – em outras palavras, desfrutar da imunidade e do estado de exceção que até agora concedíamos apenas aos poderes soberanos.

Ao abordar essas questões, Shoshana Zuboff argumenta que o capitalismo de vigilância, sob a égide de poderosos Estados e das empresas "tech", ameaça deformar a "natureza humana" no século XXI, assim como o capitalismo industrial desfigurou o mundo natural ao longo do século XX. Demonstra até que ponto a riqueza se acumulou nas mãos do que ela chama de "mercados de futuros comportamentais" (*behavioural futures markets*), isto é, mercados em que dados e previsões referentes à evolução de nosso comportamento são comprados e revendidos ao sabor da especulação, e em que a produção de bens e serviços está subordinada às novas tecnologias de modificação comportamental. Na verdade, o capital, principalmente o capital financeiro, tornou-se nossa *infraestrutura comum*, nosso sistema nervoso, o vórtice transcendental que redesenha os mapas do nosso mundo e dos nossos limites psicofísicos.[31] Devemos agora acrescentar os atributos magnéticos que mencionei há pouco às propriedades milenaristas que lhe foram atribuídas por Jean e John Comaroff no início deste século.[32]

30. Joshua Barkan, *Corporate Sovereignty. Law and Government under Capitalism*. Minneapolis: University of Minnesota Press, 2013.

31. Shoshana Zuboff, *L'Âge du capitalisme de surveillance. Le combat pour un avenir humain face aux nouvelles frontières du pouvoir*. Paris: Zulma, 2022 [2019].

32. John Comaroff e Jean Comaroff (org.), *Millennial Capitalism and the Culture of Neoliberalism*. Durham: Duke University Press, 2000.

À nossa volta, parece que nada escapa ao seu controle. Afetos, emoções e sentimentos, expressões de desejo, sonhos ou pensamentos – não há nenhuma esfera da vida contemporânea que se mantenha impermeável à penetração do capital.[33] Nenhuma esfera está imune a suas atmosferas, à sua radiação e à carga de suas partículas. As garras do capital atualmente alcançam os recônditos do mundo.[34] Em breve, as empresas mineradoras enviarão suas máquinas às profundezas dos oceanos. Segundo Wil S. Hylton, essas máquinas

> esquadrinharão os fundos marinhos seguindo estreitas fileiras, sulcando o solo a uma profundidade de dez centímetros, enquanto navios na superfície sugarão toneladas de sedimentos através de seus dutos, retendo a bordo os objetos metálicos, chamados de nódulos polimáticos, e despejando o resíduo de volta ao mar. Parte dessa lama ficará impregnada de elementos tóxicos, como mercúrio e chumbo, capazes de envenenar o oceano por centenas de quilômetros. A outra parte será arrastada pela corrente até se depositar por cima dos ecossistemas da região.[35]

O próprio capital é hoje um campo *magnético*. Em seu rastro, miríades de zonas inabitáveis, vastidões de detritos e materiais tóxicos, multidões de humanos assolados por úlceras e furúnculos.[36]

33. Para dimensionar a escala desses processos, ver Dick Bryan, Michael Rafferty e Duncan Wigan, "Capital Unchained. Finance, Intangible Assets and the Double Life of Capital in the Offshore World", *Review of International Political Economy*, v. 24, n. 1, 2017, pp. 56-86; Rodrigo Fernandez, Ilke Adriaans, Tobias J. Klinge e Reijer Hendrikse, *Engineering Digital Monopolies. The Financialisation of Big Tech*, Stichting Onderzoek Multinationale Ondernemingen, Amsterdã, dez. 2020; Thomas Beauvisage e Kevin Mellet, "Datassets: Assetizing and Marketizing Personal Data" *in*: Kean Birch e Fabian Muniesa (orgs.), *Assetization. Turning Things into Assets in Technoscientific Capitalism*. Cambridge, MA: MIT Press, 2020, pp. 75-95.

34. Martijn Konings, *Capital and Time. For a New Critique of Neoliberal Reason*. Stanford: Stanford University Press, 2018; Katrina J. Edwards, Keir Becker e Frederick Colwell, "The Deep, Dark Emerging Biosphere. Intraterrestrial Life on Earth", *Annual Review of Earth and Planetary Sciences*, v. 40, 2012, pp. 551-568.

35. Wil S. Hylton, "History's Largest Mining Operation is About to Begin", *The Atlantic*, jan.-fev. 2020.

36. François Jarrige e Thomas Le Roux, *La Contamination du monde. Une histoire des pollutions à l'âge industriel*. Paris: Seuil, 2017; Michael Marder, "Being Dumped", *Environmental Humanities*, v. 11, n. 1, 2019, pp. 180-193.

Agora que tudo é uma fonte potencial de capitalização, o capital construiu seu próprio mundo: um fenômeno alucinatório de dimensões planetárias. O capitalismo das plataformas do início do século XXI representa, nesse sentido, uma forma de poder sem precedentes, cuja principal aspiração é se desvencilhar de qualquer controle democrático. É bem possível que muito em breve terá passado o tempo em que a soberania se pautava pela democracia.[37] Com o retorno desenfreado das lógicas do mercado concorrencial e da propriedade privada, faz-se necessário pensar no futuro do planeta em função dos limites ecológicos da produção e do reconhecimento dos bens comuns. Porém, respaldado pela tecnologia, o capital financeiro se impôs como uma arquitetura onipresente, extrativa e digestiva.[38] Impulsionado pela racionalidade algorítmica, pretende alinhar os comportamentos coletivos e individuais às premissas puramente comerciais.

Colonialismo tecnomolecular

Enquanto isso, uma quantidade sem precedentes de seres humanos se vê encapsulada em tecnoestruturas sempre mais complexas, a maioria das quais operando em escala global. Outrora considerados intangíveis, os limites planetários vem sendo excedidos, em decorrência, por exemplo, das mudanças climáticas antropogênicas, do uso erosivo da terra, da perda acelerada de biodiversidade, da ruptura dos ciclos biogeoquímicos do nitrogênio e do fósforo, bem como da criação e circulação de novos

37. Wendy Brown, *Undoing the Demos. Neoliberalism's Stealth Revolution*. Brooklyn: Zone Books, 2015.
38. Pierre Bélanger, *Extraction Empire. Undermining the Systems, States, and Scales of Canada's Global Resource Empire*, 2017-1217. Cambridge: MIT Press, 2018.

entes, como as nanopartículas e os organismos geneticamente modificados.[39] Com isso, há uma aceleração dos processos de metamorfose e degeneração.

Um ótimo exemplo disso é o emprego do soro de leite, simultaneamente um contaminante dos cursos d'água e uma substância muito versátil utilizada como suplemento proteico por um setor multibilionário há mais de vinte anos. Como bem demonstram Samantha King e Gavin Weedon, a poluição causada pelo soro de leite tem sido por muito tempo o efeito de uma sistemática superprodução na indústria agroalimentar. Sabe-se que o efeito tóxico do "chorume do queijo" persiste em todas as etapas dos processos de consumo e metabolização. Isso evidencia não apenas as relações co-constitutivas entre a matéria corporal e a vida ecológica, como também sua imbricação nos processos de mercantilização;[40] mostra também o quanto a tecnosfera já faz parte da biosfera, ou é uma extensão dela. Fluxos de matéria, de energia e de informações se integram a complexas cadeias de interação. Como resultado, a própria carne do mundo vem se expandindo. Nesse processo, a Terra é redefinida de um modo que interliga todas as espécies: humanos, tecnologias, animais, fungos, plantas, vírus, bactérias. A mesma vida, mas em corpos diferentes.[41]

O desenvolvimento de múltiplas formas algorítmicas de inteligência é outro exemplo dos processos aqui descritos.[42] Muitos desses algoritmos são inspirados no mundo natural e no paradigma da seleção natural. É o caso dos algoritmos genéticos – um

39. Jonathan F. Donges, Wolfgang Lucht, Finn Müller-Hansen e Will Steffen "The Technosphere in Earth System Analysis. A Coevolutionary Perspective", *Anthropocene Review*, v. 4, n. 1, 2017, pp. 23-33.

40. Samantha King e Gavin Weedon, "Embodiment is Ecological. The Metabolic Lives of Whey Protein Powder", *Body and Society*, v. 26, n. 1, 2019.

41. Manfred Laubichler, "The Growth and Differentiation of Metabolism. Extended Evolutionary Dynamics in the Technosphere", *Technosphere Magazine*, 29 maio 2019.

42. Louise Amoore e Volha Piotukh, *Algorithmic Life. Calculative Devices in the Age of Big Data*. Londres: Routledge, 2020.

subgrupo dos algoritmos evolutivos que, como explica Matteo Pasquinelli, "imitam ações inspiradas em operadores biológicos, como as células". Eles "buscam otimizar as respostas aos problemas impostos por seu ambiente ao autogerar e englobar processos de mutação e seleção natural".[43]

Como demonstrou Margarida Mendes, assistimos atualmente a uma redistribuição de poder entre o humano e o tecnológico.[44] As tecnologias, por sua vez, estão cada vez mais intimamente ligadas, tanto no aspecto metabólico quanto no reprodutivo, a complexas cadeias de extração e predação. O crescimento exponencial das patentes biológicas anda de mãos dadas com a rapidez com que são decifrados os códigos genéticos dos humanos, das plantas e dos animais. No ritmo em que estão indo as coisas, é bem provável que o genoma humano, num futuro próximo, se torne propriedade privada.

Como se não bastasse, a própria vida é cada vez mais percebida como uma mercadoria passível de ser reproduzida ao sabor da volatilidade do mercado. Mendes mostra como milhares de novas moléculas de comportamento imprevisível são produzidas e dispersas no ecossistema. Sementes, herbicidas químicos, organismos geneticamente modificados e pesticidas são patenteados por uma série de multinacionais, acrescenta. Com a modificação genética massiva dos principais elementos da cadeia alimentar, as empresas têm interferido diretamente nos ciclos naturais da vida e dos ecossistemas. Os genes dos organismos transgênicos patenteados são absorvidos pelos corpos humanos e por muitos outros organismos, transformando-os em engrenagens essenciais no contínuo processo de sujeição dos seres vivos.

43. Matteo Pasquinelli, "Anomaly, Detection. The Mathematization of the Abnormal in Metadata Society", apresentação na Transmediale, Berlim, 29 jan. 2015.

44. Margarida Mendes, "Molecular Colonialism" *in*: Margarida Mendes (org.), *TK*. Berlim: Sternberg Press, 2017, pp. 125-140.

Ao passo que as formas de inteligência algorítmica se multiplicam em paralelo (e não raro de mãos dadas) com a pesquisa genética, a integração dos algoritmos e da análise de *big data* na esfera biológica é acompanhada por uma fé cega no tecnopositivismo. O pensamento estatístico, os regimes de avaliação do mundo natural, as modalidades de prognóstico e análise consideram cada vez mais a matéria e a própria vida como objetos finitos e calculáveis. Já se foi o tempo em que se supunha que a vida era um sistema aberto, não linear e exponencialmente caótico. Parece que atingimos o estágio em que o mercado finalmente se impôs como a autoridade suprema de validação da verdade. Com os próprios mercados se convertendo em estruturas algorítmicas, considera-se que o único conhecimento útil atualmente também seja de natureza algorítmica. Os seres humanos de carne e osso ainda têm sua importância. Cada vez mais, no entanto, são tratados não como seres dotados de história, mas como dados, por meio do cruzamento de estatísticas. Graças principalmente ao *big data*, a vigilância agora abrange até os registros emocionais. Como afirmam Kirstie Ball e William Webster, a prática de coleta e processamento de dados oriundos da esfera íntima passou a ser um elo essencial da cadeia comercial.[45] Na verdade, a extração de dados constitui um regime econômico e político em si mesmo, tributário do ciclo de acumulação de capital.[46]

Matteo Pasquinelli mostrou que o objetivo da razão algorítmica é processar imensas quantidades de dados a partir de um duplo enfoque: registrar atributos emergentes e prever tendências.[47] Até certo ponto, a sociedade dos metadados se caracteriza pelo "acúmulo de informações sobre a informação". Os algoritmos exploram os metadados também a fim de identificar padrões

45. Kirstie Ball e William Webster, "Big Data and Surveillance. Hype, Commercial Logics and New Intimate Spheres", *Big Data & Society*, v. 7, n. 1, 2020.

46. Jathan Sadowski, "The Internet of Landlords", loc. cit.

47. Matteo Pasquinelli, "Anomaly, Detection", loc. cit.

de comportamento, detectar anomalias e reconhecer um inimigo. O inimigo é construído como uma realidade com base em estatísticas, modelagem e matemática. Destarte, o poder se define mais e mais como o modo de identificar padrões ou conexões de dados aleatórios, num contexto em que parece estar em declínio toda e qualquer distinção entre informação e conhecimento, conhecimento e dados, dados e imagem, pensamento e visões.

Detecção e vigilância, porém, não são tudo. Os algoritmos tecem uma infinidade de relacionamentos com entes diversos e coisas heterogêneas, sejam elas dados, corpos ou objetos.[48] Nesse sentido, já são, em si mesmos, um processo negociado. Seu poder deriva de sua capacidade de se combinar e recombinar dinamicamente e, ao fazê-lo, reconfigurar diferentes heterogeneidades sociais e materiais.[49] O que eles camuflam ao longo desse processo e com quais efeitos são questões que permanecem em aberto.[50] A lógica computacional e algorítmica atualmente condiciona a maneira como percebemos o mundo. Devido à imbricação do conhecimento, da programação e dos mercados, qualquer pessoa que não tenha nada para vender nem para comprar, ou qualquer objeto que não encontre comprador ou vendedor, é considerado sem valor. Não seria, pois, nenhum exagero considerar que está em andamento uma redistribuição de poder entre o humano e o tecnológico, na medida em que as tecnologias tendem cada vez mais a se arrogar uma determinação teleonômica independente.[51]

48. Louise Amoore, *Cloud Ethics. Algorithms and the Attributes of Ourselves and Others*. Durham: Duke University Press, maio 2020.

49. Adam Burke, "Occluded Algorithms", *Big Data & Society*, jul.-dez. 2019, pp. 1-15; Francis Lee e Lotta Bjorklund Larsen, "How Should We Theorize Algorithms? Five Ideal Types in Analyzing Algorithmic Normativities", *Big Data & Society*, ago. 2019.

50. Abigail Nieves Delgado, "Race and Statistics in Facial Recognition. Producing Types, Physical Attributes, and Genealogies", *Social Studies of Science*, v. 52, n. 6, 2022, pp. 1-22.

51. Devika Narayan, "Platform Capitalism and Cloud Infrastructure. Theorising a Hyper--Scalable Computing Regime", *Environment and Planning A: Economy and Space*, v. 54, n. 5, 2022, pp. 911-929; Bernhard Rieder, "Towards a Political Economy of Technical Systems. The Case of Google", *Big Data & Society*, v. 9, n. 2, 2022.

Saber até que ponto a escalada tecnológica está mudando a natureza dos mercados e, na verdade, da economia como um todo é uma das principais questões que determinarão o futuro da vida.[52] Não menos decisivas serão as consequências do monitoramento incessante do nosso comportamento e das nossas emoções, realizado por toda a gama de dispositivos conectados. Na realidade, os mercados que mais crescem em todo o mundo são justamente os "mercados de comportamento futuro".

Esses mercados dependem da melhor decifração possível de intenções ainda incipientes ou mal esboçadas – as intenções de voto numa eleição futura, por exemplo, ou a intenção de cometer um delito, fazer um seguro de vida ou difundir determinado vídeo.[53] Sua prosperidade retumbante deriva também da extração e exploração de novas modalidades de matérias-primas. Como destaca Zuboff, trata-se essencialmente de informações e microdetalhes sobre atitudes individuais situadas nos recônditos de nosso inconsciente.[54] Essas matérias-primas são geradas no decurso dos processos de autoconstrução íntima – "nossa personalidade, nossos humores, nossas emoções, nossas mentiras, nossas vulnerabilidades, todos os níveis de nossa intimidade".[55] As sociedades contemporâneas estão hoje organizadas em conformidade com o mesmo princípio computacional. Os dispositivos, sensores e outros objetos com os quais interagimos se tornaram parte integrante e permanente de nossa presença no mundo. Como é tão tênue a fronteira entre nós e esses dispositivos, passamos a ser *sujeitos compostos*.[56]

52. Jakob Arnoldi, "Computer Algorithms, Market Manipulation and the Institutionalizations of High Frequency Trading", *Theory, Culture & Society*, v. 33, n. 1, 2015.

53. Louise Amoore, "Introduction. Thinking with Algorithms. Cognition and Computation in the Work of N. Katherine Hayles", *Theory, Culture & Society*, v. 36, n. 2, 2019, pp. 3-16.

54. Shoshana Zuboff, *L'Âge du capitalisme de surveillance*, op. cit.

55. Ibid.; Eva Illouz, *Les Sentiments du capitalisme*. Paris: Seuil, 2006.

56. Tobias Matzner, "The Human is Dead – Long Live the Algorithm! Human-Algorithmic Ensembles and Liberal Subjectivity", *Theory, Culture & Society*, v. 36, n. 2, 2019, pp. 123-144.

Mas em que consiste a computação? O termo costuma se referir a um sistema técnico cuja função é capturar, extrair e processar de forma automática um conjunto de dados que devem ser identificados, selecionados, triados, classificados, recombinados, codificados e ativados. A computação também consiste em um operador ou local de negociação de valores e interconexão de fluxos, uma força e uma energia de uma natureza específica, um *regime da velocidade* dotado de suas próprias qualidades e sustentado por suas próprias infraestruturas. Para funcionar, ele exige domínios espaciais sempre mais amplos, sempre mais eletricidade, novos cabeamentos submarinos de fibra óptica, *data centers* e provedores de hospedagem compartilhada. Ela produz e serializa sujeitos, objetos e fenômenos; separa razão, consciência e memória; codifica e armazena dados que podem ser usados para fabricar novas categorias de serviços e mercadorias.

Quer opere sobre os corpos, os nervos, os materiais, o sangue, o tecido celular, o cérebro ou a energia, o objetivo é sempre o mesmo: a conversão de todas as substâncias em quantidades; a conversão de fins orgânicos e vitais em meios técnicos; a captura de forças e possibilidades e sua incorporação pela linguagem de um cérebro-máquina transformado em um sistema autônomo e automatizado.[57] A computação também é a instituição por meio da qual um mundo comum, um novo senso comum e novas configurações do poder, da percepção e da realidade são implementados.[58] A globalização da soberania corporativa, a extensão do capital a todas as esferas da vida e a escalada tecnológica em formato computacional compõem uma mesma trama.

57. Alexandre Friederich, *H +. Vers une civilisation* 0.0, op. cit.; Étienne Perény, *Images interactives et jeu vidéo. De l'interface iconique à l'avatar numérique*. Paris: Questions théoriques, 2013.
58. Elise Klein, China Mills e Asha Achuthan, "Human Technologies, Affect and the Global Psy-Complex", *Economy and Society*, v. 50, n. 3, 2021, pp. 347-358.

A dialética da imbricação e da separação

O terceiro megaprocesso está relacionado ao que poderíamos chamar de dialética da imbricação e da separação. Em todo o mundo, a combinação de capital fóssil, guerra e saturação do cotidiano por tecnologias digitais e computacionais desencadeou um aumento da velocidade e uma intensificação das conexões, criando uma inédita redistribuição das formas de vida pelo planeta e acarretando grandes deslocamentos populacionais. Para estar vivo, ou assim se manter, muitos são os que precisam ser capazes de se mover rapidamente. A dinâmica de repovoamento do planeta logo esbarrará nos limites terrestres, que não se devem apenas à natureza esférica de nosso planeta. Num momento em que ele parece inexoravelmente fadado a arder, não são tanto os corpos individuais que estão em perigo, mas sim a própria existência terrestre, o destino de tudo na Terra.[59]

Além disso, mais do que em qualquer outro momento da história humana, vivemos em uma relação de proximidade e exposição uns aos outros. Esse duplo fenômeno é visto cada vez menos como uma oportunidade e cada vez mais como um fator de risco. Mas o mundo contemporâneo não é caracterizado apenas pela imbricação. Para onde quer que olhemos, a tendência aponta concomitantemente para a contração, para o confinamento, para o cercamento e para formas variadas de contenção, detenção e encarceramento.[60] Essa tendência se manifesta claramente na edificação, por todos os cantos do mundo, de muros e fortificações, portões e enclaves. Multiplicam-se as práticas de compartimentação do espaço, de deslocalização e de apropria-

59. Stephen J. Pyne, *World Fire. The Culture of Fire on Earth*. Seattle: University of Washington Press, 1995; Luciana Parisi e Tiziana Terranova, "Heat-Death. Emergence and Control in Genetic Engineering and Artificial Life", *CTheory*, 10 maio 2000.

60. Jackie Wang, *Carceral Capitalism*. South Pasadena: Semiotext(e), 2018.

ção da riqueza, de fraturamento e fragmentação de territórios.[61] A função das fronteiras consiste cada vez mais em refrear os movimentos e, em alguns casos, direcionar a violência interna contra populações indesejáveis. Barreiras físicas e virtuais de separação; digitalização de bancos de dados e sistemas de registro; desenvolvimento de novos dispositivos de rastreamento, sensores, drones, satélites e sentinelas robotizadas; detectores de infravermelho e câmeras, controle biométrico e *microchips* alimentados com informações pessoais – tudo é pensado com o intuito de transformar a própria natureza da fronteira em nome da segurança. Mais ainda, as fronteiras estão se tornando cada vez mais móveis, portáteis e ubíquas. A intenção é exercer um controle ainda mais eficaz sobre os deslocamentos e a velocidade, acelerando-os aqui e desacelerando-os acolá, triando, recategorizando e reclassificando as pessoas a fim de definir melhor quem é quem, quem deveria ou não estar num lugar ou em outro.[62]

Consequentemente, as fronteiras já não são mais, primordialmente, linhas de demarcação que separam entes soberanos: elas são o nome que deveríamos dar à violência organizada em que se baseiam o capitalismo e a ordem mundial na atualidade.[63] Para ser mais preciso, talvez fosse melhor falar não de fronteiras em geral, mas de "fronteirização" – o processo pelo qual certos espaços se tornam inacessíveis às camadas racializadas da população; lugares onde a liberdade de ir e vir é desativada, e onde a vida de uma infinidade de pessoas consideradas inúteis é imobilizada, se não destroçada.[64] Qualquer que seja o caso, a transformação

61. Marthe Achtnich, "Accumulation by Immobilization. Migration, Mobility and Money in Libya", *Economy and Society*, v. 51, n. 1, 2022, pp. 95-115.

62. Jolene Rickard, "Visualizing Sovereignty in the Time of Biometric Sensors", *South Atlantic Quarterly*, v. 110, n. 2, 2011, pp. 465-486.

63. Luca Casarini e Arianna Bove, "Death and Life at Sea", *South Atlantic Quarterly*, v. 119, n. 1, 2020, pp. 193-202.

64. Amade M'charek e Sara Casartelli, "Identifying Dead Migrants. Forensic Care Work and Relational Citizenship", *Citizenship Studies*, v. 23, n. 7, 2019, pp. 738-757.

tecnológica das fronteiras avança a pleno vapor. Num certo sentido, uma das principais consequências da corrida pela inovação tecnológica é a criação de um planeta segmentado, em que se opõem regimes distintos e desiguais de mobilidade.

No centro dos procedimentos de controle de fronteiras estão os corpos em movimento, dos quais se verificam rigorosamente as impressões digitais ou o rosto, principalmente a íris.[65] Dessa forma, as fronteiras biométricas se alastram para abarcar não só domínios inteiros da vida social, como até o próprio corpo humano. Não é difícil perceber que, de um ponto localizado no espaço, a fronteira se desloca para o corpo humano em movimento. Está em andamento uma nova divisão global entre os corpos que estão *segurados* e os que não estão. Considera-se que estes representam um risco potencial, enquanto aqueles se encontram protegidos contra esse risco.

O risco é, por natureza, algo invisível. E o que não se pode ver permanece em geral desconhecido. Para que algo seja conhecido, precisa ser enxergado. O intuito dos procedimentos de detecção dos corpos nos pontos de controle é justamente tornar visível o que está oculto, o que implica colocar o corpo, opaco por definição, numa situação em que se torna transparente. Isso se aplica especialmente aos corpos desconhecidos e potencialmente perigosos.[66] Nesse contexto, a função das tecnologias biométricas é dissecar o corpo humano a fim de torná-lo legível e transparente, tudo em nome da segurança e da eliminação do risco. É o que acontece quando o corpo humano é percebido como um mero contêiner, no qual dados podem ser inseridos ou do qual podem ser extraídos. Em consequência disso, observamos um alinhamento crescente das características físicas individuais aos

65. Amade M'chareck e Katharina Schramm, "Encountering the face. Unraveling Race", *American Anthropologist*, v. 122, n. 2, 2020, pp. 321-326; Abigail Nieves Delgado, "Facial Recognition Technologies and the New Physiognomic Era", *Psychosozial*, v. 43, n. 2, 2020, pp. 45-56.
66. Louise Amoore e Alexandra Hall, "Taking People Apart. Digitised Dissection and the Body at the Border", *Environment and Planning D: Society and Space*, v. 27, n. 3, 2009, pp. 444-464.

sistemas de informação – um processo que fortalece a fé não apenas nos dados, mas também no corpo humano como fonte de identificação absoluta. Nesse sentido, as tecnologias biométricas talvez devam ser interpretadas como um meio de controlar tanto a mobilidade dos corpos quanto o seu confinamento.[67]

São tidas não apenas como infalíveis em sua capacidade de verificar a identidade de uma pessoa – a garantia máxima da verdade. Acredita-se mesmo que sejam capazes de reconhecer a identidade de uma pessoa com absoluta certeza e de atestar a inapelável autenticidade e credibilidade de qualquer dado associado a essa identidade. Seguindo essa lógica, o mundo seria um lugar mais seguro se toda e qualquer ambiguidade, ambivalência ou incerteza fosse eliminada. A expectativa é que essas tecnologias forneçam um quadro completo de quem é determinada pessoa e permitam fixar e proteger sua identidade enquanto base para a previsão e a prevenção.

Os três megaprocessos que descrevi têm impulsionado a marcha em direção ao que chamo de imbricação planetária, mas também no sentido contrário, ou seja, rumo ao confinamento, à contração, à contenção e ao encarceramento.[68] São o produto da aliança entre o poder militar, o capitalismo das plataformas e os gigantes da tecnologia. São também fomentados por elites empresariais que, cada vez mais descoladas de seus países de origem, mantêm a maior parte de seus recursos em paraísos fiscais.[69] É ilusório tentar forçar essas elites a "prestar contas" por meios tradicionais, como o voto ou o protesto. Elas violam a prerrogativa de escrutínio e controle da parte do cidadão ao despistá-lo num labirinto de complexidade, abstração e sigilo, muitas vezes sob

67. Irma van der Ploeg, "Biometrics and the Body as Information. Normative Issues of the Socio-Technical Coding of the Body" *in*: David Lyon (org.), *Surveillance as Social Sorting. Privacy, Risk, and Automated Discrimination*. Londres: Routledge, 2002, pp. 57-73.

68. Stephen Graham e Mavin Simon, *Splintering Urbanism. Networked Infrastructures, Technological Mobilities and the Urban Condition*. Londres: Routledge, 2001.

69. Aeron Davis, "Top CEOs, Financialization, and the Creation of the Super-Rich Economy", *Cultural Politics*, v. 15, n. 1, 2019, pp. 88-104.

o pretexto de proteger a segurança nacional ou em nome de uma racionalidade econômica que coloca o capital acima da vida.[70]

Vida e mobilidade

Esse processo como um todo também se baseia numa fusão simbiótica entre vida e mobilidade. Nos dias de hoje, a capacidade de se movimentar se tornou uma das condições de sobrevivência. Como a própria vida, mover-se envolve cruzar linhas e barreiras. Em algumas de suas dimensões mais paradoxais, mover-se nem sempre envolve deslocar o corpo inteiro. Partes do corpo de uns são colocadas à disposição do corpo de outros. Alguns corpos passaram a ser "biodisponíveis". Isso vale especialmente para os corpos femininos envolvidos na "doação de óvulos". A edição do genoma não já não se restringe aos seres humanos, sendo usada também para modificar animais e outros não humanos.[71]

Ao longo desse percurso, os limites do corpo humano são redefinidos, e são reconfiguradas as relações de troca social.[72] O corpo se torna um local privilegiado para a extração de mais-valia, e a própria vida passa a ser calculada e recombinada, em vez de simplesmente figurada e representada. O mesmo corpo, ou parte de seus órgãos ou de seus fluidos, é mobilizado com o intuito de resguardar a vida de outros.[73] Na esteira disso, a relação entre vida, morte e individualidade também passa por uma reconfiguração.[74]

70. Ver Sarah Nuttall e Achille Mbembe, "Secrecy's Softwares", *Current Anthropology*, v. 56, n. s12; Iain Hay e Samantha Muller, "'That Tiny, Stratospheric Apex that Owns Most of the World'. Exploring Geographies of the Super-Rich", *Geographical Research*, v. 50, n. 1, 2012, pp. 75-88.

71. Rosine Kelz, "Genome Editing Animals and the Promise of Control in a (Post-)Anthropocentric World", *Body & Society*, v. 26, n. 1, 2019.

72. Ciara Kierans, "Biopolitics and Capital. Poverty, Mobility, and the Body-in--Transplantation in Mexico", *Body & Society*, v. 21, n. 3, 2015.

73. Stéphanie Sodero, "Vital Mobilities. Circulating Blood via Fictionalized Vignettes", *Cultural Geographies*, v. 26, n. 1, 2018, pp. 109-125.

74. Astrid Schrader, "Microbial Suicide. Towards a Less Anthropocentric Ontology of Life and Death", *Body & Society*, v. 23, n. 3, 2017.

Ao mesmo tempo, observamos uma bifurcação entre a vida e os corpos.[75] Já não se supõe que todos os corpos abriguem a mesma vida e o mesmo alento. Não se considera que os corpos "em liquidação" (com desconto) abriguem a vida propriamente dita. A rigor, são meros corpos nos limites da vida, vulneráveis e porosos.[76] Encurralados em mundos inabitáveis e lugares inóspitos, desenvolvem toda sorte de tumores. O tipo de vida que abrigam ou contêm não é segurado, ou melhor, *não é segurável*, embalado no mais frágil dos invólucros.[77] Aprisionados numa relação de *radical inequivalência* com os corpos segurados, lutam para se manter vivos em meio a condições catastróficas.[78] Esses corpos suspensos sobre o precipício são os mais expostos a secas, tempestades e fomes, a resíduos tóxicos e a diferentes experiências de apagamento.[79] Sem meios suficientes de subsistência, são os mais propensos a sofrer lesões incapacitantes. Sujeitos humanos presos a uma armadilha e geralmente sem esperança de escapatória, sofrem em cheio o impacto da vida terrena em um planeta degradado. Aparentemente estáticos, esses sujeitos frustram a maioria das tentativas de contê-los.[80] Não estão apenas em movimento. Interativos e generativos, *produzem movimento e acontecimento*. Para a maioria deles, o simples fato de estar vivo já

75. Amade M'charek, "'Dead-Bodies-at-the-Border'. Distributed Evidence and Emerging Forensic Infrastructure for Identification" *in*: Mark Maguire, Ursula Rao e Nils Zurawski (orgs.), *Bodies as Evidence. Security, Knowledge, and Power*. Durham: Duke University Press, 2018, pp. 89-109.

76. Ver, a respeito, Scott W. Schwartz, "Measuring Vulnerability and Deferring Responsibility. Quantifying the Anthropocene", *Theory, Culture & Society*, v. 36, n. 4, 2019.

77. Zoe Greenberg, "What is the Blood of a Poor Person Worth?", *New York Times*, 1º fev. 2019; Leon Anderson e David A. Snow, "L'industrie du plasma", *Actes de la recherche en sciences sociales*, n. 104, 1994, pp. 25-33.

78. Nigel Clark, "Anthropocene Bodies, Geological Time, and the Crisis of Natality", *Body & Society*, v. 23, n. 3, 2017, pp. 156-180.

79. Dwight Jaffee e Thomas Russell, "Catastrophe Insurance, Capital Markets, and Uninsurable Risks", *Journal of Risk and Uncertainty*, v. 64, n. 2, 1997, pp. 205-230.

80. Peter Merriman, "Molar and Molecular Mobilities. The Politics of Perceptible and Imperceptible Movements", *Environment and Planning D: Society and Space*, v. 37, n. 1, 2019, pp. 65-82.

constitui uma transgressão dos limites impostos.[81] No cerne das políticas migratórias e trabalhistas contemporâneas estão esses processos destinados a despojar determinados corpos de todo e qualquer valor e dignidade, atribuindo-lhes posições marginais em diferentes escalas de segurabilidade e não segurabilidade.[82] O objetivo é refrear a dinâmica das interações entre eles, criar distância, romper as cadeias relacionais no seio do corpo social para instituir novos modelos de individualização.

As restrições à liberdade de circulação já não são exclusividade de Estados poderosos. Estão em operação em escala global. Ao aprofundar as assimetrias de espaço e tempo entre diferentes categorias da humanidade, elas fomentam a guetificação gradativa de diversas partes do mundo.[83] Seu objetivo não é tanto "confinar os indesejáveis a um território ou dissociar seus movimentos daqueles feitos por cidadãos, mas inseri-los em temporalidades e espacializações incoerentes, a ponto de gerar entre essas populações a ilusão de viverem territorialmente isoladas".[84] Ademais, numa época em que os componentes materiais e a organização biológica do corpo podem ser remodelados e rearranjados à vontade, essas restrições se sustentam ainda mais em ideias de seleção repressiva da espécie. Somente aquilo que potencialmente gera valor conta como vida e pode ter permissão para ir e vir. Nesse contexto, as fronteiras são projetadas para dar concretude ao princípio da dessemelhança em vez da afinidade. Os obstáculos à livre circulação de pessoas operam, portanto, como

81. Sasha Litvintseva, "Asbestos. Inside and Outside, Toxic and Haptic", *Environmental Humanities*, v. 11, n. 1, 2019, pp. 152-173.

82. Anja Kanngieser, "Tracking and Tracing. Geographies of Logistical Governance and Labouring Bodies", *Environment and Planning D: Society and Space*, v. 31, n. 4, 2013, pp. 594-610.

83. Stephan Scheel, "Recuperation Through Crisis Talk. Apprehending the European Border Regime as a Parasitic Apparatus of Capture", *South Atlantic Quarterly*, v. 117, n. 2, 2018, pp. 267-289.

84. Cédric Parizot, "Viscous Spatialities. The Spaces of the Israeli Permit Regime of Access and Movement", *South Atlantic Quarterly*, v. 117, n. 1, 2018, p. 38.

divisórias entre as diferentes variedades da espécie humana.[85] Nesse sentido, desempenham um papel crucial nos modos de produção das diferenças e dos parentescos humanos.

Os corpos têm sido cada vez mais divididos entre os que contam e os outros, entre os que podem se deslocar e os que não podem ou não devem, ou apenas sob as condições mais rigorosas.[86] Os corpos proibidos de cruzar a fronteira não estão segurados. Precisam ser rastreados, capturados e descartados. Encurralados em espaços fragmentados, temporalidades dilatadas e expectativas intermináveis, eles oscilam entre a invisibilidade, a espera e o apagamento.[87] Quanto ao sonho da segurança absoluta, ele requer não apenas uma vigilância completa e sistemática, mas também uma política de "limpeza". Esse sonho é sintomático das tensões estruturais que acompanham nossa transição para um novo sistema técnico de automação – um sistema cada vez mais complexo e abstrato.

Desde que a ordem liberal se estabeleceu, a tensão entre liberdade e segurança, ordem e movimento, sempre foi uma de suas principais contradições.[88] Hoje, a questão parece ter se desdobrado. Uma sociedade segura não é necessariamente uma sociedade livre: é uma sociedade dominada pela demanda irreprimível de adesão a certezas, uma sociedade temerosa de questionamentos que eventualmente possam ficar sem resposta e se abrir para o desconhecido. É por isso que a prioridade de uma sociedade da segurança é identificar a todo custo o que está por trás de

85. Amade M'charek, Katharina Schramm e David Skinner, "Topologies of Race. Doing Territory, Population, and Identity in Europe", *Science, Technology, and Human Values*, v. 39, n. 4, 2014, pp. 468-487.

86. Charles Heller e Lorenzo Pezzani, "Contentious Crossings. Struggles and Alliances for Freedom of Movement Across the Mediterranean Sea", *South Atlantic Quarterly*, v. 118, n. 3, 2019, pp. 644-653.

87. Julie Peteet, "Closure's Temporality. The Cultural Politics of Time and Waiting", *South Atlantic Quarterly*, v. 117, n. 1, 2018, pp. 43-64.

88. Sobre essa contradição, ver Hagar Kotef, *Movement and the Ordering of Freedom. On Liberal Governances of Mobility*. Durham: Duke University Press, 2015.

cada nova aparição – quem é quem, quem vive onde, com quem e desde quando, quem faz o quê, quem vem de onde, quem vai para onde, quando, como, por quê etc. E acima de tudo: quem planeja cometer quais atos, seja consciente ou inconscientemente. O escopo de uma sociedade da segurança não é afirmar a liberdade, mas controlar e governar os modos de aparição.

Os mitos contemporâneos afirmam que a tecnologia representa a melhor maneira de garantir a segurança dessas aparições, que somente ela é capaz de resolver tal problema – uma questão de ordem, mas também de vigilância, de antecipação e de previsão. Há todos os motivos para temer que o sonho de uma humanidade transparente para si mesma e despojada de todo e qualquer mistério se revele uma calamitosa ilusão. Por ora, são imigrantes e refugiados que vêm pagando o preço disso. A longo prazo, porém, é pouco provável que sigam sendo as únicas vítimas.

Talvez mais do que em qualquer outro momento do nosso passado recente, somos confrontados com a questão de como agir com relação àqueles cuja existência não parece ser necessária para a nossa reprodução; aqueles cuja existência ou proximidade é percebida como uma ameaça física ou biológica à nossa própria vida. Historicamente, uma das respostas a esse dilema consistia em excluir territorialmente todos os corpos considerados inassimiláveis, indesejados, ilegais, dispensáveis ou supérfluos. Foi assim, por exemplo, nos estágios iniciais da era moderna, colonial e genocida moderna, quer se tratasse dos nativos fixados em reservas, como nos Estados Unidos, das ilhas carcerárias, como na Guiana, das colônias penais, como na Austrália, ou dos campos e bantustões, como na África do Sul. Nos modelos mais recentes da ocupação colonial moderna, o controle de populações vulneráveis, indesejáveis, excedentes ou racializadas é exercido por meio de um vasto repertório de táticas, entre as quais se destacam o confinamento e o bloqueio modulado.

Em princípio, um bloqueio proíbe, impede ou limita o acesso a um território confinado. Certamente não se trata de isolar totalmente o território das cadeias de suprimentos, das malhas de infraestrutura ou das rotas comerciais. Nem por isso ele deixa de se tornar entrincheirado, de uma forma que efetivamente o torna um território prisional. Seja completo ou relativo, o confinamento é acompanhado por escaladas militares periódicas e pelo emprego generalizado de execuções extrajudiciais. A violência espacial, as estratégias humanitárias, as punições e castigos se combinam para produzir, como resultado, um tipo específico de espaço prisional, no qual os indesejáveis ou ilegais são governados em meio à abdicação de qualquer responsabilidade por suas vidas e condições de subsistência.[89]

Há, ainda, outro exemplo, que data do início do século XXI. São novas formas de guerra que poderiam ser descritas como guerras contra os fluxos e a mobilidade.[90] Seu propósito consiste em reduzir a pó os meios de subsistência e sobrevivência de populações vulneráveis consideradas inimigas. Essas guerras de erosão, metodicamente calculadas e programadas, e conduzidas com o emprego de novos métodos, são guerras contra a própria ideia de mobilidade, circulação ou velocidade, por mais que a era em que vivemos corresponda precisamente à era da velocidade, da aceleração e da abstração. A despeito disso, o que caracteriza as guerras desse tipo, acima de tudo, é que não visam a corpos individuais, mas sim a camadas inteiras de uma humanidade considerada sem valor.

Tudo isso decorre da fronteirização, decidida e implementada em nome da liberdade e da segurança.[91] A batalha travada contra os indesejáveis, destinada a reduzi-los a pilhas de carne humana,

89. Cédric Parizot, "Viscous Spatialities", loc. cit.; Julie Peteet, "Closure's Temporality", loc. cit.
90. Nikos Papastergiadis, "Wars of Mobility", *European Journal of Social Theory*, v. 13, n. 3, 2010, pp. 343-361.
91. Louise Amoore, "Security and the Incalculable", *Security Dialogue*, v. 45, n. 5, 2014, pp. 423-439.

vem sendo travada em escala global e está redefinindo o período em que vivemos. As guerras contra a mobilidade concentram-se nos corpos, num momento em que as lealdades nacionais são utilizadas como armas. Com o direito de pertença reservado a uns, a tentação de brutalizar os outros sem incorrer em consequências jurídicas se estende, em alguns casos, à máfia organizada, à polícia e à burocracia. Como observa Arjun Appadurai, não é incomum que homens pobres e marginalizados, jovens desempregados ou trabalhadores precários confinados em favelas sejam seduzidos por essa forma de violência e pelo sonho de pureza nacional, étnica, racial ou religiosa.[92]

A razão sob julgamento

É também um momento em que muitos se conscientizam de que a razão talvez tenha atingido seus limites. A razão se encontra, em todo caso, sob julgamento. A razão é uma faculdade que atribuímos aos seres humanos e somente a eles. Para a tradição ocidental, somos todos, consciente ou inconscientemente, herdeiros da razão: ela sempre foi vista como a mais elevada das faculdades humanas, aquela que abriu as portas para o conhecimento, a sabedoria, a virtude e, acima de tudo, a liberdade. Embora distribuída de forma desigual entre as pessoas, era prerrogativa exclusiva delas, distinguindo-as das outras espécies animais. Graças à sua capacidade superior de exercer essa faculdade, os seres humanos podiam se declarar seres excepcionais.

Hoje, no entanto, a razão se vê contestada de duas maneiras. Em primeiro lugar, é cada vez mais substituída ou mobilizada pela racionalidade instrumental, quando não reduzida a um processamento mecânico ou algorítmico da informação. Em outras

92. Arjun Appadurai, "Goodbye Citizenship, Hello 'Statizenship'", *The Wire*, 4 set. 2019. Disponível em: *thewire.in*.

palavras, a lógica da razão é transformada pelos circuitos de máquinas, computadores e algoritmos. O cérebro humano deixou de ser o santuário da razão. Dizem que está se aproximando o momento em que poderá ser transferido por *download* para dentro de nanomáquinas. Aos poucos se cede um poder desmedido às abstrações mais diversas. Os velhos modos de raciocínio enfrentam a concorrência dos novos, surgidos em decorrência e no âmbito da tecnologia em geral e especialmente das tecnologias digitais, bem como em virtude dos modelos piramidais de inteligência artificial. Como resultado, a *technè* passa a se impor como a linguagem fundamental da razão.

Em segundo lugar, a razão instrumental, ou a razão mascarada de *technè*, vem sendo mais frequentemente explorada como se fosse uma arma. Supostamente, o próprio tempo deve se dobrar às ações das máquinas, que já não se limitam a executar instruções ou programas, mas também geram o próprio comportamento complexo. A reprodução computacional da razão tem por consequência fazer com que ela deixe de ser domínio exclusivo da espécie humana, ou que se torne muito mais do que isso. Passamos a compartilhá-la com outros agentes. A própria realidade é cada vez mais interpretada pelo prisma das estatísticas, dos metadados, da modelização e da matemática. Além disso, muitas pessoas vêm abandonando a razão em favor de outras faculdades ou outros modos de expressão e cognição. Buscam, por exemplo, reabilitar os afetos e as emoções. Muitas lutas políticas que vemos hoje são movidas mais pela paixão e pelos afetos do que pela razão.

Ao mesmo tempo, sistemas de raciocínio abstrato e mecânico estão constantemente gerando novas combinações entre matéria e máquinas, resíduos e seres humanos. Se ainda ontem o sujeito racional moderno era definido por seu propósito de combater os mitos, a superstição e o obscurantismo, hoje ele parece mais inclinado a abraçar seus preconceitos, a maioria dos quais acaba encontrando refúgio no âmago das tecnologias de cálculo e quantificação, que os retransmitem sob o disfarce da abstração. Como resultado, a identificação do limite que separa o calculável do incalculável, o quantificável do não quantificável, o digitável do não digitável talvez tenha se tornado a tarefa mais urgente de nosso tempo, igualada apenas pela tarefa de inventar instrumentos de medição diferentes que possam abrir caminho para uma estética diversa e para outras visões políticas sobre o modo como habitamos a Terra e o Universo.

Agora que incontáveis máquinas de calcular estão varrendo o planeta, absorvendo cada vez mais vida e matéria em sistemas de abstração e raciocínio mecânico, torna-se urgente resistir à hegemonia epistêmica que reduz a Terra a um problema de valor financeiro. Os dados podem ser usados para codificar coisas, mas o manuseio de dados não representa a totalidade da razão. As correlações de dados, a linguagem formal e as deduções inferenciais não são capazes de substituir o pensamento reflexivo ou a inteligência propriamente dita. Ela ainda exige que se possua uma consciência, sem a qual a vida social será automatizada, e tanto razão quanto consciência serão engolidas por uma matriz computacional que apenas reage a causalidades circulares.[93]

Essa lógica de causalidade circular está muito presente na vida política contemporânea. Em quase todos os lugares, observa-se uma erosão do consenso básico que distingue os conflitos legítimos daqueles que não o são, inclusive no âmbito das democracias liberais. Reduz-se a cada dia a proporção dos conflitos que podem ser resolvidos pelo processo político. O resultado é que posições opostas dificilmente podem coexistir na mesma ordem institucional e discursiva, muito menos dentro de um espaço simbólico comum. Os fundamentos normativos mais elementares da vida

93. Luciana Parisi, "Instrumentality, or the Time of Inhuman Thinking", *Technosphere Magazine*, 15 abr. 2017.

democrática estão se esfacelando, dando lugar a concepções antagônicas e irreconciliáveis. Consequentemente, as democracias recorrem cada vez mais à linguagem da guerra civil[94] e da erradicação, em detrimento da linguagem do compromisso, enquanto proliferam os conflitos para os quais não há soluções racionais.

Nessas condições, é legítimo fazer as seguintes perguntas. O que resta do sujeito humano depois que a razão foi sugada pelas tecnologias do cálculo? Quem traçará a fronteira entre o calculável e o incalculável, entre o que se reveste de valor e o que dele é desprovido, entre o que pode ou não ser segurado, entre o que pode ou não ser autorizado a se mover? Nas circunstâncias do nosso tempo, podemos transformar as ferramentas do cálculo e do poder em instrumentos de libertação? Dito de outra forma, em que medida é possível converter o próprio cálculo em objeto da luta política, já que as ferramentas de observação e medição são mais essenciais do que nunca para os projetos de dominação em escala planetária? Podemos imaginar um uso e um objetivo político distinto para a computação em massa? Que tipo de contrainstituições seriam necessárias na hipótese de reivindicarmos o poder da computação em massa como um direito fundamental da sociedade civil e uma garantia de sua autonomia? Seremos capazes de inventar instrumentos de medição capazes de abrir caminho à possibilidade de uma estética diferente, de um modo diferente de habitar, reparar e compartilhar a Terra?

94. David Goldberg, "On Civil War", *Critical Times. Interventions in Global Critical Theory*, 9 set. 2020.

Capítulo 5

A PASSAGEM PELO ESPELHO

Por muito tempo se vem discutindo ao que devemos atribuir a origem das ferramentas e dos artefatos. Qual seria a diferença entre o mundo das ferramentas, o mundo da linguagem e o mundo dos símbolos? De modo geral, julgava-se que tudo havia sido definido no momento da emancipação do cérebro. Mas o fator decisivo na emancipação do cérebro teria sido a mão, a ponto de alguns terem chegado a afirmar que o "homem" nasceu da mão. Ou talvez do olho. Ou de ambos ao mesmo tempo. A mão, nessa discussão, não surge apenas como a parte do corpo localizada na extremidade do braço, mas também como o órgão por excelência do tato e da preensão.

Captação

A mão é considerada, acima de tudo, a primeira ferramenta, ou melhor, uma arma, quer dizer, em última instância, trata-se de um instrumento que serve para se proteger, ferir ou, se necessário, matar, em um mundo regido por relações de inimizade e predação. Ao contrário do bico, da pata, dos chifres ou dos dentes, é por meio da mão que se acredita que o "homem" ingressou no mundo da livre circulação. Um mundo que originalmente se assenta, sobretudo, na *luta pela vida*, que não é travada apenas contra outros animais e a natureza. É também uma luta contra os semelhantes.

Também o olho pertence à categoria dos órgãos de preensão e captação. Captar é ver; é apreender o mundo, suas distâncias, luzes e cores. De certa forma, é também possuí-lo, já que só podemos possuir o mundo se primeiro o virmos. E, para ver, é preciso começar olhando. Embora possamos olhar sem ver, não podemos ver sem olhar. Considerando o sentido universal do termo, não há praticamente nenhuma dominação que não passe pelo olho. O olho é como um espelho em que se reflete a vontade em movimento. Se o nariz nos permite farejar, o olho nos permite espionar, detectar posições, medir distâncias, esquadrinhar o horizonte, ter uma ideia panorâmica daquilo que nos cerca e a que pertencemos. Mas, acima de tudo, o olho permite identificar a presa.

No olho, há algo como uma faísca, uma partícula incandescente, ponto luminoso e fragmento radiante, de uma só vez, algo que, mais além da opacidade do mundo, nos permite exercer, mesmo que só por um instante, certo controle sobre as coisas. Maurice Merleau-Ponty, que fez dos olhos – e, de modo mais geral, do visível e da percepção – objetos privilegiados de seu pensamento, afirmava justamente isso.[1] De fato, talvez mais até do que a mão, o olho é a outra mãe da razão tecnológica. Temos a tendência de esquecer que todo objeto técnico, todo artefato, é, antes de tudo, produto de um olhar. O mesmo se aplica a toda criação humana e a toda máquina. É no olho que temos que ir buscar, nos regimes do visível que cada cultura produz, o "lençol de sentido bruto".

É difícil falar do olho ou da mão sem se referir a uma máquina organocorporal. É da própria natureza do corpo estar em movimento. Só existe verdadeiramente corpo se for móvel. "Que seria a visão sem nenhum movimento dos olhos?", indaga Merleau--Ponty. A mesma pergunta se aplica em relação ao corpo humano. O que seria o corpo humano sem mobilidade, se não inanimado, a inanição? O corpo humano só existe na medida em que vê, respira

1. Maurice Merleau-Ponty, *O olho e o espírito, seguido de A linguagem indireta e as vozes do silêncio e A dúvida de Cézanne*. Trad. Paulo Neves e Maria Ermantina Galvão Gomes Pereira. São Paulo: Cosac & Naify, 2013, pp. 15-17 [*L'Œil et l'Esprit*. Paris: Gallimard, 1964, pp. 13-19]. As citações a seguir são oriundas da mesma fonte.

e se move. E, porque vê e se move, "mantém as coisas em círculo a seu redor". Elas são, como diz Merleau-Ponty, "um anexo ou um prolongamento dele mesmo". O mesmo se aplica à tecnologia.

Por muito tempo se pensou que a imaginação tecnológica era o mero produto da manipulação de coisas. Considerávamos que a singularidade de nossos artefatos era não os habitarmos. Nossas construções faziam parte de um mundo cru e tangível, relativamente cego. Os objetos não eram, nem deveriam ser nossos semelhantes. Eram desprovidos de qualquer "poder vidente". A diferença entre nós e eles residia no fato de que nosso corpo podia se ver vendo, ou se tocar tocando. Eles não podiam. Talvez tenha chegado a hora de darmos as costas a essa ideia. Desde os primórdios, na verdade, os objetos nunca foram simples apêndices do nosso corpo. Nunca foram só uma extensão dele. Surgidos de nossa imaginação, estavam encravados em nossa carne. Hoje, fazem parte do que Merleau-Ponty chama de "sua definição plena". Eles são feitos da própria substância e do próprio tecido dos nossos corpos, o duplo da nossa carne, os olhos dos nossos olhos.

Nesse sentido primário, a vida se confunde com a autoperpetuação no seio da espécie e no meio ambiente. De acordo com a mitologia predominante, o "homem" nasce originalmente como um animal de rapina e, como tal, sua natureza é essencialmente predatória. Ele respira, se alimenta e se reproduz num mundo que é um campo de batalha. Sobrevivendo apenas à custa de outros animais de rapina, sua vida consiste em atingir alvos, ou seja, matar.

Na realidade, porém, constatamos que existem diversas *espécies, variedades ou tipos de vida*. Por exemplo, existe a vida típica dos processos contidos no ambiente natural. É possível reconhecê-la em fatos básicos como a passagem do dia para a noite e a fermentação do solo. Nesse caso específico, não existem vontade ou escolha. Em relação à vida de uma planta, Oswald

Spengler diz: "Tudo acontece com ela e nela. A planta não escolhe a sua posição, nem o seu alimento, nem as outras plantas com as quais exerce as funções de reprodução".[2]

Existe, ademais, outro nível de vida que poderíamos chamar de animal. Ainda segundo Spengler, essa variante da vida é caracterizada pela livre mobilidade. Sob o regime da vida livremente movente, a sobrevivência de um animal é obtida à custa de outros animais, num campo de batalha de limites indeterminados. Num sistema como esse, o outro é, antes de tudo, um alvo, uma presa e, em última instância, uma vítima. Mas há um terceiro nível de vida, regido pela ideia de que o "homem" tem um destino, isto é, um plano. Seu destino não é simplesmente existir, como parte integrante daquilo que existe em sua faticidade. O ser humano também é uma força potencial, em devir, à qual é ínsito elevar-se para além do que é contingente e cuja marca essencial é perdurar. O ser humano é, por assim dizer, instado a durar. Seu destino – e, portanto, seu projeto – é perdurar, o que implica dizer, vencer a fatalidade do tempo.

Na realidade, tudo sempre se reduziu a esse anseio primordial, a vitória sobre o tempo, o desejo de imortalidade. É o fundamento da imaginação tecnológica. A vontade humana encontra na tecnologia seu meio mais eficaz de realização. Nesse sentido, a tecnologia não é apenas um acidente. É o meio pelo qual a humanidade pretende se erigir em entidade totalmente autônoma, autogerada, independente do acaso ou da sorte. Graças à tecnologia, o ser humano se esforça para eliminar a tragédia e traçar para si mesmo um futuro que seja, ao mesmo tempo, sua vocação. Pode-se dizer, então, que no cerne do princípio técnico está uma fé intensa no ser humano e em sua capacidade de modificar sua própria imagem, isto é, de se tornar algo diferente do que é, de

2. Oswald Spengler, *O homem e a técnica: uma contribuição à filosofia da vida*. Trad. Érico Veríssimo. Porto Alegre: Meridiano, 1941, p. 41 [*Der Mensch und die Technik*. Munique: C. H. Beck'sche, 1931, p. 15; *L'Homme et la Technique*. Paris: Gallimard, 1958, pp. 58-59].

experimentar a transfiguração. Tornar-se diferente de si mesmo seria, por sua vez, a marca do poder e do progresso, duas realidades infinitas por definição, a chancela da realização do sujeito.

A crítica clássica à imaginação tecnológica moderna seguiu diversos caminhos. O primeiro foi se opor ao postulado da neutralidade, segundo o qual técnica e tecnologias seriam as metáforas por excelência da indiferença, pois nada teriam a ver com a consciência. O segundo foi vê-las como os instrumentos do Apocalipse, "a Besta que emerge do abismo" e "o pródromo do fim do mundo".[3] O terceiro foi incluí-las no debate em torno da oposição entre os meios e os fins, ou da *qualidade* frente à *quantidade*, do fazer oposto à criação como tal. Nessa perspectiva, a técnica seria um instrumento, não um fim. "Os fins pertencem sempre a outro domínio, o da mente".[4] A tecnologia representa um perigo para o "homem" se, em vez de ser o instrumento, substituir a si mesma pelo objetivo, ou seja, sequestrar o significado da vida em seu próprio benefício, mascarar seu escopo essencial e seus fins últimos, a ponto de obliterar a consciência do homem. De fato, isso é, em parte, o que caracteriza o atual processo de digitalização de todas as esferas da existência social. A título de exemplo, os desenvolvimentos contemporâneos em inteligência artificial têm contribuído para desqualificar a letra em favor do número, enquanto a linguagem vem sendo substituída por códigos de computador. Esse eclipse ou *apagamento da consciência e do sentido* (a marca registrada do ser humano) consistiria no perigo máximo da tecnologia.

Como se vê, nessa tradição, o único sujeito é o ser humano. Tudo começa com ele e tudo leva de volta a ele. Mas é possível examinar a questão da tecnologia de uma perspectiva em que os humanos fariam parte de uma categoria mais ampla, a dos *seres vivos que lidam com objetos animados e inanimados*, contidos

3. Nicolas Berdiaeff, *L'Homme et la Machine*. La Murette: R & N Éditions, 2019 [1933], p. 18.
4. Ibid., p. 19.

num universo composto por uma multiplicidade de ambientes e *habitat*. Por esse prisma, objetos e ferramentas certamente poderiam ser considerados meios, mas não seriam os únicos. Os seres humanos também poderiam ser meios e ferramentas. Nenhuma dessas entidades bastaria a si mesma.

Jakob von Uexküll distingue dois tipos de "meios para o homem". Por um lado, há os *meios de agir*, "que chamamos de utensílios e que incluem todas as grandes máquinas usadas em nossas fábricas para processar os produtos da natureza, ou as ferrovias, os carros e os aviões". Por outro lado, há os *meios de perceber*, "que poderíamos chamar de perceptílios, como os telescópios, óculos, microfones, rádios etc.".[5] Contudo, percepção e ação não são faculdades exclusivamente humanas. Quer sejam considerados meras coisas ou não, os animais também se utilizam de meios. Percebem e agem com eles.

Perceber e agir são atividades essenciais para o exercício das funções vitais. Como a percepção e a ação não são atributos exclusivamente nossos, podemos deduzir que as outras entidades não são meras estruturas mecânicas. Os animais, em particular, não podem ser reduzidos a simples combinados de utensílios e "perceptílios". Em outras palavras, o exercício da função vital não é apanágio dos seres humanos, que a compartilham com outros seres e entidades dotados de órgãos sensoriais ou motores.

No mais, cada ser ou entidade é uma porta que se abre para um mundo específico ou, para retomar a expressão de Uexküll, para "novos territórios".[6] Esses seres e entes não veem a mesma coisa, não agem de maneira uniforme, mas cada um de seus gestos perceptivos e cada um de seus atos abrem caminho para a criação de novas relações. E se, de fato, "cada ser vivo é um sujeito que vive em um mundo próprio, do qual é o centro",[7] então não só há uma pluralidade de mundos, como também uma pluralidade de centros.

5. Jakob von Uexküll, *Milieu animal et milieu humain*. Paris: Payot et Rivages, 2010, p. 26.

6. Ibid., p. 27.

7. Ibid., p. 33.

A rigor, a tecnologia é o arco que conecta esses mundos e centros. Ao final de um processo de conexão/desconexão, ela transforma cada ser ou ente vivo ao mesmo tempo num sujeito e/ou num objeto em potencial. Inscreve cada ser e cada ente num potencial *devir sujeito-objeto*. Conforme o lado em que seja situado, o objeto responderá como um sujeito e o sujeito como um objeto, máquina-animal aqui, animal-máquina ali, humano-animal acolá, humano-objeto, e assim por diante, ao longo de um divisor de águas que, por definição, está sempre em movimento.

O poder da tecnologia decorre de sua capacidade de sustentar continuamente essa lógica de permuta e metamorfose. Além disso, é inerente ao objeto técnico não apenas responder a estímulos externos. Cada objeto tem uma fisiologia. Todo objeto técnico pode ser considerado um órgão, a tal ponto que se torna legítimo falar de *órgãos tecnológicos, ou então da própria tecnologia como um organismo ou aparelho orgânico*. Na condição de órgãos, os objetos técnicos são abertos, como as células.

Alguns funcionam como órgãos sensoriais e outros como células motoras. Entram em movimento tanto quanto impulsionam o movimento. Estimulam os sentidos tanto quanto servem como transmissores que canalizam as ondas de estímulo corporal. Conectam-se a centros de controle tanto quanto podem ser eles mesmos mecanismos de controle. Já não são algo externo a nós. *São elementos centrais dos sistemas nervosos da humanidade contemporânea, os duplos de sua carne, nossa segunda Terra.*

Doravante, a unidade fundamental não é mais o sujeito humano em face do objeto técnico, mas o ser vivo, tanto em forma animada quanto em sua forma aparentemente inerte. Com isso em mente, e tendo como referência a derradeira utopia, a de uma possível comunidade terrestre, a questão decisiva é saber como articular uma *democracia dos vivos*, que assuma a *multiplicidade* e a *durabilidade* como ponto de partida para um novo projeto de libertação, não mais do sujeito humano apenas, mas do sujeito vivo em toda a sua amplitude. Essa política seria necessariamente fundada no em-comum. Seu cenário não seria mais apenas humano, e sim um cenário ampliado, situado no centro de uma história que seria a um só tempo social, tecnológica, geológica, celular e molecular.

Cuidar do corpo em sua dimensão terrestre (o corpo da Terra) e em sua dimensão individual seria o ponto de ancoragem. O que estamos testemunhando é o retorno do corpo em sua forma viral. Já não é necessariamente o corpo que ama a si mesmo, o corpo narcisista do neoliberalismo, preso na vertigem da autocontemplação e da mostração, mas sim os corpos dos quais devemos desconfiar – o corpo do outro, mas também o nosso. Ficamos constantemente à sua escuta, receando que repentinamente ele se volte contra nós e nos traia. Interpretamos o menor movimento interno seu, o menor ruído ou o menor vazamento, em forma de espirro, febre, coceira, tosse ou músculos que se atrofiam, nervos que falham, ossos que rangem. É um corpo de ambivalências, de incertezas, e potencialmente letal, que volta a ocupar o centro do palco, contaminado e condenado à putrefação, em suma, recoberto por uma velha máscara funerária.

A redescoberta desse corpo putrescível é um choque, especialmente no Norte do mundo, onde tantos esforços são feitos para desrealizar o corpo e a morte, desmaterializá-los ou transferi-los para objetos artificiais, se não espectrais. Implica isso dizer, em última análise, que estamos cabalmente condenados ao corpo, ao nosso e ao dos outros, tanto dos seres quanto das coisas? Toda comunidade pressupõe um corpo. De fato, só é comunidade na medida em que sabe criar corpo. O mesmo se aplica à comunidade terrestre. Mas para que isso ocorra, seu braço humano deve aprender a morrer. Deve aprender a não se suicidar, a não delegar sua morte a outros, ou seja, a assumir a responsabilidade por todas as vidas em suspenso e todas as mortes da mesma forma que por sua própria.

Pois morte e vida estão vinculadas uma à outra por uma gemelidade essencial, encastradas como estão uma na outra, a inseparabilidade do vivo e daquilo que irremediavelmente o nega, algo tão bem retratado nos velhos mitos africanos e em todos aqueles dispositivos animistas em que a própria Terra é, acima de tudo, uma vasta câmara de ressonâncias e vibrações. É habitada por uma multiplicidade de seres dotados de diferentes propriedades, de diferentes qualidades. A despeito de suas singularidades, todos eles evoluem no interior de um campo geral onde as metamorfoses são possíveis, onde a conversão de humanos em animais, de animais em plantas, de plantas em humanos e de humanos em micróbios compõe a ordem das coisas. Essa circulação de energia não só é possível, como necessária para renovar os ciclos da vida. É essa renovação permanente dos ciclos vitais que chamei de ecologia geral.

Será necessário, pois, reabrir todos os arquivos do mundo para lhe dar corpo. Na potencial virada metafísica do mundo que está implicada nisso, trata-se de recompor o mundo vivo não mais de acordo com a lógica do todo calculável, do todo quantificável e do todo codificável, mas com base na implacável realidade do incalculável, do que "não tem preço", do que está muito além de qualquer medida. Nossa relação com a vida, com nosso próprio corpo, mas também com os corpos dos outros, a ideia da morte, os rituais que a acompanham, os funerais, o fato de passar tempo suficiente ou não com nossos entes queridos e com as telas: tudo isso está reconfigurando nossa existência. Há uma renegociação quase exaustiva de nossas identidades, do porquê das nossas vidas e, principalmente, do vínculo geral que une nossa humanidade às outras espécies.

Além disso, todo corpo humano, por mais singular que seja, carrega consigo e dentro de si, em sua porosidade essencial, as marcas do universal. Muitos creem que o universal é diáfano, isto é, sem marcas ou traços. Na realidade, só é universal o que traz a marca do vivo. Nossos corpos são invólucros frágeis que só podem ser bem cuidados ao mesmo tempo em que se cuida do ar, da água e do fogo, sem os quais os corpos mal conseguem respirar. *A priori*, o *status* e a posição da espécie humana no vasto universo jamais deveriam ser objeto de qualquer disputa. Não somos os únicos habitantes da Terra nem superiores aos outros seres. Somos perpassados horizontalmente por interações fundamentais com esses outros seres (micróbios, vírus, forças vegetais, minerais e orgânicas) que nos compõem. Mas eles também nos decompõem e recompõem. Eles nos fazem e desfazem, começando por nossos corpos, nossos *habitat* e nossas formas de subsistência.

Ao fazê-lo, eles não apenas revelam o quanto a estrutura e o conteúdo da civilização técnica, industrial e digital se assentam em alicerces que são ao mesmo tempo complexos e eminentemente frágeis. É também a própria vida, na anarquia de todas as suas formas, que é vulnerável, a começar pelos corpos que a abrigam, pelo sopro que a propaga e por todo o sustento sem o qual ela acaba definhando. Essa vulnerabilidade de base é inerente à espécie humana. Mas também é compartilhada, em diferentes níveis, por tudo o que habita este planeta, que forças poderosas ameaçam tornar, se não inabitável, pelo menos inóspito para a maioria.

Quem, afinal, seria capaz de fechar os olhos para a desordem, a violência e a iniquidade que estruturam o mundo? Apesar dos avanços obtidos aqui e ali, a "paz perpétua" continua sendo uma miragem. Por outro lado, fora do radar, a tecnologia, a mídia, as finanças e uma constelação de forças físicas, naturais, orgânicas e mecânicas contribuem para costurar malhas e fissuras entre todas as regiões do mundo.

Transmigração dos tempos

A Terra enfrenta, assim, uma série de reviravoltas, grandes e pequenas, reviravoltas múltiplas. E não apenas políticas, na medida em que, por exemplo, o triunfo do neoliberalismo possa prenunciar a volta por cima do potencial tirânico, quando não propriamente fascista, em sociedades que eram até então consideradas "sociedades abertas". Não apenas econômicas, na medida em que se constata a tendência à fusão do capitalismo financeiro com a razão algorítmica e da própria economia com a biologia e as ciências neurológicas. São também climáticas, na medida em que a Terra parece ser inexoravelmente arrastada para um processo de combustão que ameaça a sobrevivência de muitas espécies. E são também tecnológicas, se estivermos dispostos a reconhecer o quanto a tecnologia passou a ecoar a escatologia. Mais ainda, os imaginários também estão em ebulição, razão pela qual temos a impressão, ora de grande aceleração, ora de grande contração, como se estivéssemos presos num imenso turbilhão de efeitos dispersivos.

Para completar, vale acrescentar que essas reviravoltas ocorrem em escalas possivelmente incomensuráveis, mas, mesmo assim, a uma velocidade que muda constantemente e não se deixa igualar. Um dos principais efeitos dessas múltiplas variações de velocidade, desse regime de múltiplas velocidades, é o tipo de desorientação epistemológica que sentimos, a impressão de que não há mais nenhum fundamento a partir do qual se possa desenvolver o trabalho de organizar e expressar a inteligência, ou deveríamos dizer, o inteligível? Mais grave ainda, essas reviravoltas provocam um profundo questionamento da soma de saberes herdados do passado distante e expõem cruelmente seus limites e, cada vez mais, sua obsolescência. Daí a necessidade não apenas de uma renovação sem precedentes de nossas ferramentas analíticas, linguagens e discursos, e de sua pluralização, mas, acima de tudo, a demanda por outras imaginações teóricas. Daí também a convicção de que, para fazer frente às novas situações e desafios que hoje se apresentam à humanidade, a refundação dos saberes não pode prescindir do recurso aos arquivos daquilo que Édouard Glissant chamou de Todo-Mundo, sendo que por muito tempo nos contentamos com os arquivos de apenas uma das províncias da Terra.

Retornemos por um momento a essa impressão de "grande aceleração" e a suas bruscas contradições. Essa é uma das consequências de um fenômeno ao qual talvez não tenhamos dado a devida atenção: *a transmigração dos tempos*. Supondo que ainda possamos falar de História, ela já não se resume apenas aos seres humanos, que, aliás, nunca foram nem nunca serão seus únicos protagonistas. Para que tenha algum significado, o tempo dos seres humanos ou o tempo das sociedades humanas agora precisa ser combinado com o tempo geológico e climático, o tempo das plantas e dos animais, o tempo dos micróbios, bactérias e vírus, o tempo da biosfera e o tempo da termosfera, o tempo dos oceanos e até mesmo o tempo do espaço orbital. Em suma, todas as *formas da vida* nos interpelam e precisam ser reconhecidas como coautoras dos passados e dos futuros da Terra e de todas aquelas e todos aqueles que são suas e seus habitantes.

Tendo em vista essa imbricação dos tempos e dos regimes de sedimentação dos tempos, é lícito indagar se ainda guardam utilidade as antigas distinções entre passado, presente e futuro, entre história e memória, entre inconsciente e subconsciente. O mesmo se aplica a categorias habituais como ruptura e continuidade. No fundo, o entrelaçamento sempre ditou a praxe e, com ele, os fenômenos de coconstituição e coatuação, ou, para empregar uma linguagem política, os fenômenos de mutualidade, o que significa cabalmente, de *dívida recíproca*. A ideia de uma progressão ou de um escoamento linear do tempo há muito que foi contestada. Mas será que realmente extraímos todas as consequências do fato de que o presente é o produto de uma dívida e que, fora desse ciclo da *dívida ininterrupta e impagável*, não existe tempo ou, pelo menos, consciência do tempo?

O que embasa efetivamente tanto o tempo quanto a comunidade é a dívida ou, mais precisamente, essa consciência da dívida impagável, que, talvez por ser impagável, pode ser cobrada a qualquer momento. O mesmo se aplica à nossa dívida com a Terra. Como essência da vida, a Terra também é a fonte primária de direitos. Não é ela, afinal, essa comunidade indivisível, sem a qual os processos renovados da vida são impensáveis? Se acaso existe um soberano do mundo vivo, só pode ser a Terra, a primeira de todas e a derradeira comunidade, muito além do ecossistema planetário. Assim como há uma dimensão expropriatória e destitutiva da dívida, existe outra, *constitutiva do bem comum, porque se funda na possibilidade – permanente – de cobrança, de direitos passados, presentes e futuros a serem exigidos sempre de novo*. Portanto, somos todos simultaneamente devedores e credores potenciais. Sem essa possibilidade de permuta, não existe nenhum em-comum, nenhuma comunidade terrestre. A clínica do tempo também requer que levemos a sério os fenômenos de retorno, reversão ou reversibilidade, que, como bem se vê ao nosso redor, não param de se multiplicar. Mas o que é um retorno, o que é um *regressado*, o que exatamente "regressa"? O que "regressa" é exatamente o mesmo que aconteceu anteriormente e que, em seguida, *desapareceu*? Existe alguma relação entre o *desaparecimento* e o *regresso*?

Vamos deixar de lado o fenômeno dos traços, das marcas e do apagamento. Existe realmente algo que possa ser apagado? E o que dizer do inapagável, daquilo que repousa sob os lençóis ou sob as cinzas, pronto para a reativação? Bem se vê que esses fenômenos não podem ser simplesmente assimilados ao esquecimento, à lembrança ou à reminiscência. A concatenação dos tempos sempre acarreta inevitáveis atritos e colisões. O mesmo com relação aos conluios. Já não se trata apenas de uma questão de aceleração, embalo e contração enquanto tais, nem mesmo de um tempo com múltiplas velocidades, mas de *um tempo em migração, da transmigração dos tempos*, tal como outros já se referiram à transmigração das almas e dos espíritos, algo que, mais do que nunca, requer um diagnóstico que seja tanto psicanalítico quanto propriamente político.

Estamos, pois, diante de regimes temporais que se envolvem uns nos outros, provocando, de quebra, *efeitos de embobinamento da experiência*. Por esse ponto de vista, o que mais chama a atenção hoje, especialmente no Ocidente e em suas dependências ou adjacências imediatas, é o aumento do poder das teologias da extinção, do que poderia ser descrito como o envelhecimento do astro solar. Eis, portanto, um mundo no auge de seu poderio tecnológico e militar, mas que, mais do que nunca, é dominado pela obsessão com seu próprio fim.

Por vezes, isso é imaginado sob a roupagem de uma contaminação radioativa generalizada ou de toxicidade desenfreada, e outras vezes como autocombustão. Mas isso não é tudo. Deve-se acrescentar o pânico causado pelo medo da "grande substituição", a ideia de uma substituição biorracial, a dos brancos, uma "raça decadente e moribunda", por "hordas" estrangeiras, as pessoas ditas "de cor". Poderíamos chamar isso de *eugenia ao avesso*, motivada, entre outras razões, pelos fenômenos do declínio da taxa de natalidade, por um lado, e de uma vitalidade considerada excessiva, por outro.

Com o recuo das grandes esperanças de transformação radical e o eclipse dos grandes mitos revolucionários de outrora, é como se tivéssemos voltado ao básico. Os bandos estão de volta e, com eles, os fenômenos brutos e instintivos, a começar pelo embate entre as espécies e a luta pela sobrevivência (*sobrevivencialismo*). Quase ninguém mais acredita na ideia de um final feliz. Muitos estão convencidos de que as coisas acabarão mal. Mas o *desejo de mitologia* persiste. E o resultado é uma proliferação de ficções, a maioria delas cínicas, e de todo tipo de crenças, tendo como pano de fundo um vigoroso retorno aos fenômenos de enfeitiçamento e, por que não dizer, de cretinização em massa.

Enquanto isso, vem se desenvolvendo um pensamento escatológico-apocalíptico, que nos convida a contemplar o colapso e a preparar o fim. Outras correntes se esforçam para repensar a utopia e o futuro nos termos do messianismo tecnológico, ou até mesmo de uma possível expatriação para outros planetas. Argumentam que a redenção da humanidade virá, paradoxalmente, por meio da escalada tecnológica e de um novo ciclo colonial: o colonialismo tecnomolecular e orbital. Nessas condições, a questão é saber se é possível *repolitizar o tempo*, isto é, aprender a habitar a Terra superando o desejo de apocalipse e os impulsos do niilismo e da tecnolatria. Em caso afirmativo, em quais termos e com qual finalidade?[8] Um projeto desses de reabitação não exigiria um mínimo de reparação dessa mesma Terra, ou ainda a restituição a todos os seus habitantes, humanos e não humanos, de um tipo de direito fundiário, quase que inato, o *direito à respiração*? Seja como for, estamos muito longe do universalismo abstrato ou panorâmico, do tipo que busca compor o mundo contra os outros ou a despeito deles.[9] Estamos, aliás, muito longe dos sonhos de um cosmopolitismo desencarnado. Em vez disso, somos convidados ao advento de uma nova consciência, verdadeiramente planetária, e de uma democracia aberta a todos os seres vivos, independentemente de espécies e raças.

8. Ver Felwine Sarr, *Habiter le monde. Essai de politique relationnelle*. Montreal: Mémoire d'encrier, 2017.

9. Nadia Yala Kisukidi, "L'universel dans la brousse", loc. cit.; Jean-Loup Amselle et Souleymane Bachir Diagne, *En quête d'Afrique(s)*, op. cit., pp. 68-69.

Trama planetária

Uma marca deste momento, portanto, é a existência, a meu ver objetiva, do que podemos chamar de *trama planetária*. O traço distintivo dessa trama é que, por ora, e para retomar a expressão de Hegel, ela é desprovida de qualquer consciência de si, isto é, de qualquer *consciência planetária*. Quando falamos de "trama", é no sentido de que efetivamente é possível dizer que a Terra pode ser segmentada e delimitada, mas é fundamentalmente inquebrável. Não é possível, por exemplo, apoderar-se de uma de suas porções e expatriá-la para outros planetas da galáxia. Ela é basicamente imune a qualquer subdução. Não se pode deslizar uma de suas placas sob outra, ou vice-versa. É como um tecido. Como tal, não pode ser concebida como algo passível de ser atado e desatado. É tramada não como um complô, mas como uma intriga, que precisa ser constantemente decifrada e desvendada.

Mas também falamos disso porque, além dessa dimensão da inquebrabilidade, três elementos fulcrais da arquitetura do nosso tempo precisam ser destacados. Em primeiro lugar, para quem costuma esquecer, as forças fundamentais que continuam a estruturar nosso mundo são as da violência, da iniquidade e, cada vez mais, da desordem e do caos organizado – isto é, de uma forma radical e não espontânea da incerteza e da instabilidade. Pois, apesar dos progressos alcançados aqui e ali, a "paz perpétua" que Kant preconizava continua a ser, para muitos povos, uma miragem. Hoje, como no passado, a soberania e a independência de muitas nações são, *em última instância*, protegidas e garantidas pelo mecanismo da guerra, ou seja, pela possibilidade sempre presente de violência desproporcional. É o que acanhadamente chamamos de "equilíbrio de forças". Estamos ainda longe de instituir uma ordem internacional solidária, dotada de um poder organizado capaz de transcender as soberanias nacionais. Ao mesmo tempo, o retorno aos impérios autárquicos não passa de ilusão.

Além disso, vem tomando forma e se cristalizando, em escala global, um novo ciclo de redistribuição do poder, dos recursos e da riqueza. É uma nova divisão do mundo que ganha seus contornos e, com ela, outras geografias da Terra, bem como geografias emergentes que se estendem aos domínios extraterrestres, chegando aos limites orbitais. Lá e cá, esse ciclo alimenta a esperança de aprofundar as possibilidades de vida de inúmeros grupos humanos. Ao mesmo tempo, e praticamente em todos os lugares, a implantação desse novo *nomos* da Terra acarreta afunilamentos, uma redistribuição desigual da vulnerabilidade e formas de violência tão futuristas quanto arcaicas. De todos esses processos, os mais importantes são obviamente as guerras, mas também as metamorfoses do capital e da tecnologia, a maneira como a mídia e as finanças – em suma, uma constelação de forças tanto abstratas quanto físicas, tanto naturais quanto orgânicas e mecânicas, que vêm costurando as malhas e fissuras entre todas as regiões do mundo.

Desprezando as fronteiras nacionais ou, paradoxalmente, nelas se apoiando, surge e se consolida *uma cadeia planetária bem diferente dos mapas oficiais*. Feita de entrecruzamentos e interdependências, ela não se equipara à "globalização", pelo menos no sentido em que o termo tem sido usado desde a queda da União Soviética. Em vez disso, é um Todo fragmentado, entramado de redes, fluxos e circuitos que constantemente se recompõem em diferentes ritmos e múltiplas escalas. Esse Todo é o resultado de uma variedade de emaranhados, a começar pelos territórios humanos e selvagens e suas margens. Ele configura uma *trama do mundo*, composta por diversas extremidades e uma infinidade de núcleos, grandes e pequenos. Nenhum fica *de fora*. Todos servem, num momento ou em outro, como retransmissores para a rápida circulação de fluxos de todos os tipos.

Claro que nem tudo se move no mesmo ritmo. Mobilidade e velocidade, porém, agora regem a existência planetária em suas diversas declinações (terrestre, marítima, aérea, por satélite ou a cabo). Não são apenas os fluxos de capital que estão em movimento. Os humanos, os animais, os patógenos e os objetos também se movem. A mobilidade afeta os mais variados tipos de bens, dados e informações. Aqui extraídas, as matérias-primas passam ali por uma depuração inicial. Mais adiante, ocorre a montagem dos componentes. Mas, por mais descontínuas que possam parecer, os encadeamentos geralmente são os mesmos, indo do concreto mais bruto à abstração mais etérea. Em suma, são complexos emergentes que têm por natureza variar em escala e operar em redes mais ou menos descontínuas em termos espaciais. Caótico, o surgimento dessas cadeias e complexos planetários tende a acelerar as brutalidades e levar a uma crise irremediável nas relações entre a humanidade, seus instrumentos e o resto do mundo vivo. É uma outra ordenação do mundo e são outras relações de forças que se estão estabelecendo. Outras fendas geopolíticas logo se cristalizarão.

O que dizer, aliás, do reino digital e da computação, do mundo das telas, da termosfera? O mesmo em relação aos enclaves. Todos servindo, num momento ou em outro, como retransmissores para a rápida circulação dos mais variados tipos de fluxos.

É claro que nem tudo nem todos se movem no mesmo ritmo. Isso fica evidente nas políticas antimigratórias da maioria dos Estados contemporâneos, tanto do Norte quanto do Sul, e na maneira como essas políticas incessantemente contribuem para a multiplicação dos condenados à danação, não apenas os *condenados da terra*, mas cada vez mais os novos *condenados do mar*.

Dessa perspectiva, é significativo que, em grande parte dos casos, as formas contemporâneas de danação ocorram na interseção entre mobilidade e imobilização, encarceramento e velocidade. Para os danáveis, a parte do fogo e, atualmente, a parte da água (e o risco de morte por afogamento) que são inerentes à danação necessariamente evocam imagens de uma Terra transformada não apenas em prisão, mas em inferno. Esse *curso satânico do mundo* é o foco da clínica fanoniana.[10]

A comunidade dos dessemelhantes

Toda comunidade se alicerça efetivamente em bases trágicas que ela sempre se esforça para ocultar. Com o intuito de assegurar a continuidade da comunidade política, quais vidas podem ser sacrificadas? Por quem, em qual momento, por que e em quais condições? De fato, não existe comunidade que não esteja assentada em alguma modalidade das noções de "sangue derramado" e "sangue proibido". Seja em termos de origem, religião ou raça, toda comunidade é, na realidade, formada não por semelhantes, mas por dessemelhantes. A proibição de sangue tem por função impedir a divisão interna. O objetivo é evitar situações em que a comunidade se desagregue e seus membros se matem uns aos outros.

Fato é que as comunidades humanas se distinguem umas das outras pela maneira como, sentindo-se ameaçadas em sua própria existência, respondem a esse dilema: de quem estamos autorizados a nos livrar para que o curso da vida não seja interrompido, para que o maior número de vidas seja poupado? É possível fazer esse sacrifício de uma forma que não leve a um agravamento dos confrontos internos ou à dissolução do vínculo social e à destruição pura e simples da unidade política?

10. Frantz Fanon, *Os condenados da terra*. Trad. José Laurênio de Melo. Rio de Janeiro: Civilização Brasileira, 1968 [*Les Damnés de la terre*. Paris: Maspéro, 1961].

Num passado não muito distante, epidemias e fomes colocavam esse dilema mais ou menos regularmente na linha de frente das decisões soberanas. As guerras, em particular, foram o protótipo desses eventos históricos que, segundo se pensava, exigiam que certas vidas fossem sacrificadas para que a grande maioria pudesse ter condições de se proteger ou até mesmo de prosperar. Por serem conflagrações devastadoras, exigiam o emprego impiedoso da força. O objetivo era causar a morte de inimigos acusados de colocar em risco a existência da comunidade e sua continuidade no tempo. Mas sendo a guerra o que é, uma troca generalizada de mortes, quem quer que saísse em busca de um inimigo se expunha à possibilidade de ser vítima das armas de outros.

A partir do século XIX, foi principalmente por meio da economia que se operaram a contagem, a enumeração e a pesagem das vidas e, consequentemente, a redistribuição das potencialidades sacrificiais. Karl Polanyi nos lembra de que a economia e, em particular, o comércio nem sempre estiveram ligados à paz. Ele detalhe que

> No passado, a organização do comércio fora militar e guerreira; era um conjunto de piratas e bucaneiros, era a caravana armada, o caçador e o que colocava armadilhas, o mercador com a espada, a burguesia armada das cidades, os aventureiros e os exploradores, os plantadores e os conquistadores, os caçadores de homens e os comerciantes de escravos, os exércitos coloniais e os navios fretados.[11]

Nos sistemas pré-coloniais africanos, o dinheiro não era tudo. A troca propriamente dita podia ocorrer na ausência de dinheiro. Em outras palavras, o dinheiro não precedia a dívida. Por mais que certas trocas sociais envolvessem a circulação monetária, não tinham como ser equiparadas a relações de endividamento. A gama de trocas e dádivas era ampla e não eram feitas apenas

11. Karl Polanyi, *A grande transformação: as origens da nossa época*. Trad. Fanny Wrobel. Rio de Janeiro: Campus, Elsevier, 2000, p. 30 [*The Great Transformation: The Political and Economic Origins of Our Time*. Nova York: Rinehart, 1944, p. 16; *Aux origines politiques et économiques de notre temps*. Paris: Gallimard, 1983, p. 52].

entre humanos. Podiam ocorrer entre humanos e divindades, humanos e ancestrais, humanos e forças tutelares, humanos e poderes cósmicos e outras forças vitais. Além disso, havia uma diversidade de dívidas e obrigações.

Elas envolviam tanto a transferência de posses quanto a partilha de propriedades e bens. Muitas vezes, esses eram bens simbólicos. Eram inúmeros os instrumentos para aferir seu valor ou quantificá-los.[12] O *vínculo social*, porém, escapava por completo a qualquer forma de medição ou quantificação. Era constituído por mediações, interdependências, obrigações, direitos mais ou menos recíprocos, instituições comunitárias e rituais. Manifestava-se também por meio de objetos singulares. A própria vida era, em última instância, tanto a unidade de cálculo quanto a unidade de pagamento. A dívida de vida era, aliás, a dívida suprema, a forma original e primordial da dívida.

Uma das características da dívida de vida é que ela não podia ser abolida, era impossível se livrar dela. Outra é que ela circulava, passava de geração em geração. Graças a essa circulação, a comunidade estava em condições de enfrentar o perigo, sempre iminente, de seu possível desaparecimento e da mortalidade de seus membros. Sua própria perenidade dependia disso. O ato de nascer, procriar e morrer, de se tornar um ancestral ou de receber, dar e entregar a vida estava na origem de todos os laços sociais. Os membros da sociedade ou comunidade estavam ligados uns aos outros pela dívida de vida. Em certas circunstâncias, no entanto, essa dívida poderia ser convertida em dívida de sacrifício. Os membros eram ligados entre si por uma cadeia dc pagamentos. Esses pagamentos permitiam honrar a dívida social. E, ao honrá-los, os membros da comunidade reavivavam continuamente a reprodução social.

A própria vida reunia em si as propriedades de uma unidade de cálculo e de uma unidade de pagamento. Supunha-se que ela

12. Jane Guyer, *Marginal Gains*, op. cit.

fosse preexistente a todo o resto e a cada um considerado individualmente. Num estudo sobre o dinheiro em contextos bastante diversos, Bruno Théret identificou um processo semelhante, em que, em consonância com as concepções animistas, cada ser é reconhecido como socialmente dotado de uma reserva de vida mais ou menos importante, mais ou menos valorizada de acordo com o *status* social. Essa reserva, acrescenta ele, pode ser apropriada de distintas maneiras e pode também ser "objeto de várias transações que levam à criação e à circulação das dívidas".[13]

Hoje, a *pesagem das vidas* já não é feita em função da parcela de dívida, justiça e obrigação moral que representa o pertencimento de cada pessoa à sociedade, mas sim com base numa série de cálculos, que derivam de uma mesma fé e de uma mesma crença. A sociedade é um mero apêndice do mercado. Passou a ser essa a grande aposta, segundo a qual o ganho e o lucro das trocas (ou, às vezes, também da conquista) prevalecem em todas as circunstâncias sobre todos os outros motivos humanos. Todo ganho é o resultado da venda de uma coisa ou outra. Os preços de mercado regulam a existência. Toda vida humana é uma probabilidade, e o cálculo das vidas se assemelha ao cálculo das probabilidades. Nesse cálculo, só o que conta é o requisito de eficácia. Além disso, a vida só existe se puder ser gasta, e é ao aceitar abrir mão das vides de alguns que as vidas dos muitos pode ser assegurada. Na medida em que o Antropoceno marca a nossa entrada em uma nova era viral e patogênica, a questão de definir de quais vidas abrir mão para que a vida dos muitos seja garantida tende a se tornar o objeto por excelência da política.

Direito ao futuro

Diante do estado atual da Terra, é provável que eventos que ameaçam a vida da comunidade se repliquem num futuro rela-

13. Bruno Théret, "Monnaie et dettes de vie", *L'Homme*, v. 2, n. 190, 2009, pp. 153-179.

tivamente próximo. Com a expansão da monocultura, a industrialização dos mercados de carne, a intensificação das relações entre a espécie humana e outras espécies e a catástrofe climática, logo surgirão novas gerações de pandemias. Como cada um desses eventos remete, em última instância, à possibilidade de nossa destruição, isso despertará imensos temores. Mais do que isso, levantará, com grande candência, a questão do direito à existência e do direito a um futuro.

Cada vez mais, porém, o direito à existência se torna inseparável de seu oposto, a detecção de quem carrega em si os germes da contaminação e até mesmo de quem pode ser eliminado a fim de que os muitos possam sobreviver. O fato de que decisões aparentemente sanitárias acabem por ameaçar a sobrevivência dos indesejáveis é, de fato, o grande risco do momento que estamos vivendo. Risco esse subjacente tanto às formas que a economia vem assumindo quanto às novas técnicas de governo viabilizadas pelas epidemias. Por mais necessárias que sejam, as tecnologias empregadas com o intuito de conter as epidemias não eliminam esse perigo por si sós. Pelo contrário, em nome do argumento sanitário, elas facilmente poderiam ser direcionadas contra qualquer ser humano definido como um risco biológico. Várias funções essenciais geralmente desempenhadas pelo Estado já vêm sendo terceirizadas e passam a ser desempenhadas por megacorporações e empresas privadas de tecnologia, na vanguarda de campos como a inteligência artificial, a ciência quântica, tecnologias hipersônicas e de localização, rastreamento e captura.

Se a realidade agora só pode ser descrita e representada por números e códigos abstratos, e se códigos e números assumem cada vez mais a dimensão de uma cosmogonia, como garantir que a lógica que rege a contagem e a pesagem de vidas não se transforme numa lógica de eliminação e apagamento? Em se tratando de números, lidamos afinal com certezas rígidas ou com probabilidades e, portanto, com apostas? Qual o significado da resistência imunológica se medir o risco equivale a quantificar o acaso? Como reconhecer um Estado que, em vez de "defender a sociedade", volta-se contra sua população?

Em vários países, a decisão de confinar a população em períodos de grandes epidemias, a exemplo da covid-19, foi tomada em nome da proteção e do cuidado, com o objetivo de evitar o contágio. À primeira vista, tratava-se de salvar vidas e evitar expor qualquer uma delas a um sacrifício desnecessário. Na realidade, grande parte da atividade econômica sofreu uma desaceleração, embora incontáveis *sweatshops* continuassem a operar. Centros de distribuição, centros de processamento de dados, fazendas industriais, frigoríficos e outros dispositivos do capitalismo digital permaneceram abertos. Portanto, nem tudo parou. Muitos perderam seu sustento ou se viram condenados ao desemprego. Os tesouros nacionais sofreram forte queda. Uma recessão foi anunciada. Foram contraídas dívidas externas. Fomos forçados a contrair empréstimos em relação ao futuro, a hipotecar parte do futuro, em outras palavras, a privar as gerações futuras de parte de seu *direito a um futuro*. Além disso, segue sendo um mito a igualdade diante da morte decorrente de grandes epidemias. O mesmo se aplica ao *direito de existir* e ao seu corolário, o *direito de subsistir*.

Em muitas partes do mundo, a falta de cobertura previdenciária e de assistência em caso de entrada temporária ou prolongada em situações de pobreza ou miséria é um fator decisivo na luta diária pela sobrevivência. Para ganhar a vida, é preciso sair e, muitas vezes, buscar os meios de sobrevivência em lugares distantes, a um custo sempre elevado (transporte incerto, caminhadas intermináveis ao longo do dia, obtenção de alvarás e autorizações dos mais variados tipos). É preciso andar, sondar, negociar e pechinchar constantemente, às vezes migrar, ilegalmente se necessário.

No período de confinamento, a escolha para os setores mais vulneráveis da população era simples: obedecer à ordem de isolamento e respeitar a lei ou morrer de fome. Alimentos, suprimentos e acesso aos meios de subsistência dependem da capacidade de movimento, deslocamento e circulação. Dependem também da capacidade de se integrar em redes sociais de solidariedade, de multiplicar alianças e afiliações, de converter o transitório em subsídio necessário à permanência. Sem o encontro entre os corpos, seu acúmulo, sua proximidade, o contato direto com outros seres humanos, ou até mesmo o empilhamento, a luta diária pela sobrevivência já estará perdida de antemão.

Não é no isolamento físico que ela pode ser ganha, mas sim no combate corpo a corpo. Sobreviver exige que se possa estar em constante movimento. Nessas condições, a imobilização forçada não só se equipara a uma condenação, é também uma forma de expor grande parte da população a imensos riscos. As camadas mais pobres não recebem nenhum cuidado de ninguém e, ao mesmo tempo, não conseguem mais cuidar de si mesmas.

Chegada a hora do desconfinamento, os dilemas não se tornam menos prementes. A escolha não é mais entre o vírus e a fome. Se assumirmos como ponto de partida a perspectiva das forças de mercado, a aposta é a seguinte: é imperativo reativar a economia, custe o que custar. Seja como for, a morte atingiu apenas uma porcentagem insignificante da população como um todo. Fração essa que, de todo modo, teria sido atingida cedo ou tarde. No fim das contas, sua morte imediata reduz o ônus que representaria se morresse mais tarde. O custo para a economia (e, portanto, para a comunidade) de tentar a todo custo mantê-la viva é maior do que o custo de deixá-la morrer de imediato.

De fato, da perspectiva do livre mercado, o direito de existir ou o direito de subsistir se resumem pura e simplesmente à especulação e, portanto, às flutuações do mercado. Assim como a subsistência, é preciso ganhar a vida, e ninguém a ganha sem fazer nada. Fato é, porém, que, por mais que queiram, muitas pessoas hoje em dia não encontram emprego. O ganha-pão precisa ser gerado em meio ao acaso e à incerteza.

Na era do capitalismo digital, já não basta oferecer a própria força de trabalho no mercado para que seja comprada. O trabalho tem ainda um valor comercial. Mas há cada vez menos trabalho remunerado ao alcance de todos. Essa é a realidade em boa parte do Sul Global. Aqui, a regra é governar pela negligência e pelo abandono. É aqui que ocorrem os experimentos mais brutais (inclusive os de natureza médica), no cruzamento entre o vivo e o não vivo. Aqui, aliás, a economia de mercado tende a operar nos moldes do gasto, do desperdício e do descarte.

O sacrifício, nesse contexto, não significa uma matança gratuita. Em sua raiz, não tem praticamente nada de sagrado. Não visa conquistar as graças de nenhuma divindade. Exige que sejamos contados, que contabilizemos, meçamos, pesemos vidas e que nos livremos das que não contam para nada. Como não requer o olhar nem a palavra, supõe-se que integre a ordem normal das coisas, que não mais questionamos por serem tão inerentes.

A despeito de toda a variedade de hibridização tecnológica, jamais nos livraremos totalmente da nossa concha biológica. No caso, o corpo que temos presente é um corpo perigoso, um corpo exposto ao contágio e à putrefação. A digitalização permitiu que algumas de nossas funções corporais fossem transferidas para mídias tangíveis e intangíveis. O corpo não é tudo, e isso dá à tecnologia e a outros artefatos a chance de se oferecerem como solução. Essa descida às profundezas digitais é irreversível. Muitas potências têm usado essa experiência como laboratório para formas de governo e de interação que se perpetuarão após a calamidade. O caminho está aberto para um modo diáfano de governo, que opere por captação. Já estamos cercados por sensores, detectores, câmeras e telas, que têm como uma de suas funções coletar o máximo possível de dados sobre quem somos, o que fazemos e o que almejamos, dados massivos que serão processados, mais ainda do que já são atualmente, por algoritmos, com a ambição de instaurar um controle robotizado sobre tudo o que é vivo.

No mais, a vida abrange uma boa dose de acaso. O mundo vivo se define por ser infinitamente aberto, sujeito ao acaso e às probabilidades. Os determinismos existem, mas, em última análise, não regem a História, que é fundamentalmente composta de imprevistos, surpresas, daquilo que escapa a qualquer quantificação sistemática. Cada vez mais, ela será o produto da maneira como tratamos a natureza, como forjamos, por exemplo, relações "ecocidas" com os animais selvagens. Isso inclui o desmatamento, que dispersa vidas animais até então localizadas, nossas tradições alimentares e as redes comerciais em que estão inseridos esses produtos. Ajudamos a criar alguns dos seiscentos mil vírus que circulam no universo. São o resultado da cooperação metabólica entre humanos, outros organismos vivos e nosso ambiente comum.

O fato de alguns deles impugnarem, de um ponto de vista fisiológico, nossa capacidade de respirar não é algo desprezível. Não há nada mais comum e que nos iguale a todos do que a função respiratória. É o que a espécie humana compartilha com todos os outros seres vivos, até mesmo as plantas. Uma possibilidade, então, seria assumir o ato de respirar, o fato de que todos compartilhamos a mesma necessidade em termos de volume de ar e de que não existe um mercado de ar onde fosse possível a alguns de nós se apropriar desse recurso, para repensar o que temos em comum, para redefinir o que foge ao cálculo e não tem preço. Assim, poderíamos repensar o mundo a partir disso, dessa ideia do comum, daquilo que constitui um direito que escapa, em princípio, a toda forma de soberania territorial, estatal ou comercial.

Capítulo 6

A DERRADEIRA UTOPIA

Ao longo de todo este nosso percurso, procuramos refletir acerca dos devires-da-Terra à luz dos devires do mundo vivo. Como dissemos em muitas passagens, não seria a Terra afinal, ao menos da perspectiva das metafísicas africanas, o equivalente ao nosso corpo? Ainda segundo essas metafísicas, o ser vivo permanece sempre como algo potencial, inacabado e incompleto. Não é um estado, mas uma atividade. É o que o distingue do que é inerte e inanimado. E mais, é reconhecível não apenas por sua capacidade de produzir a própria forma, mas também por sua capacidade de repará-la.

Por meio de uma série de quadros e espelhos, indagávamo-nos a respeito da possibilidade de uma autêntica morada em meio ao mundo vivo, isto é, numa Terra habitável para todos. Claro que as forças da morte não desapareceriam por completo de uma Terra assim. Mas o ato de viver não se veria reduzido ao mero fato de "alimentar-se, crescer e perecer por conta própria". O mundo vivo seria o possível que, sem estar plenamente realizado, preserva a capacidade de criar formas novas e de se regenerar.

São incontáveis os seres vivos e as forças do mundo que hoje estão engajados na luta pela vida. Consideram a vida como um amplo movimento de crescimento e expansão impulsionado pela vontade de poder. Não se contentam em simplesmente continuar existindo. Acreditam que é da natureza da vida se apropriar de tudo o que é externo a ela. Assim, nem a Terra nem a tecnologia podem mais ser concebidas isoladamente. Uma agora é o duplo da outra. Num imenso embate, ambas passaram a integrar um grande *processo de incorporação mútua*. O desenvolvimento histórico de uma conduz inevitavelmente à outra. O advento do mundo doravante se realizará na interface entre elas, e a distância que separa uma da outra não é mais intransponível.

Esse processo de incorporação mútua, ou mesmo de copertença, é o resultado do grande movimento de domesticação e apropriação que, desde a invenção do fogo, dotou a tecnologia de atributos quase cósmicos. Com ela, é outra configuração do ser e da verdade que gradativamente se impõe. São outras possibilidades de criação, de decisões e de ações que se abrem e, por meio delas, de mutações da humanidade e do mundo. Pois, graças à tecnologia, a humanidade não se contentará apenas em dominar a natureza a fim de transformá-la.

O destino final da tecnologia é se livrar da humanidade e desfrutar de uma soberania desimpedida. Claro que toda tecnologia é uma tecnologia específica. Seu aspecto fundamental, porém, é nunca se ter contentado em completar o que a natureza não foi capaz de fazer. Ela sempre buscou ser outra coisa, outra natureza em si mesma, independente de qualquer propósito que não o seu próprio, jamais redutível a um conjunto neutro de meios para um fim.

Hoje, o cálculo se tornou essencial àquilo que Heidegger chamou de "ser-homem".[1] Ao falar de "cálculo", o filósofo tinha em mente não somente o processo pelo qual produzimos aquilo que tem valor de utilidade prática. Também se referia ao processo pelo qual determinamos a própria essência da verdade. A tecnologia não se resumia a uma questão instrumental. Era a forma que a metafísica estava destinada a assumir, primeiro na história ocidental, depois na história geral da Terra.

Mais ainda, é por sempre ter sido uma modalidade específica de metafísica que a tecnologia se tornou uma forma de idolatria.

1. Martin Heidegger, *Pensées directrices. Sur la genèse de la métaphysique, de la science et de la technique modernes*. Paris: Seuil, 2019 [*Leitgedanken zur Entstehung der Metaphysik, der neuzeitlichen Wissenschaft und der modernen Technik*. Frankfurt: Klostermann, 2009].

Privada de um deus, buscou se objetivar cosmicamente desencadeando poderes que são, por definição, inapropriáveis, tentando calcular de forma preditiva não apenas uma região isolada do ser, mas o mundo vivo em sua totalidade. E é por estarmos no ponto de consumação desse projeto que a questão de seus futuros é inseparável da questão dos devires-da-Terra e da vida.

Ao final desta jornada, algumas conclusões se impõem por si mesmas. Em primeiro lugar, a Terra, a tecnologia e o mundo vivo passaram a compor um mesmo conjunto. Graças à escalada tecnológica, não é só a Terra que, em sua estrutura espacial, volta a ser tomada e medida. É o mundo vivo como um todo que agora serve de matéria-prima para os grandes complexos de poder. Nesse contexto, em que termos a humanidade deve conceber, a partir de agora, as condições de sua pertença comum ao todo da criação?

A resposta é evidente: trabalhando para o surgimento de uma nova *consciência planetária*. Isso não pode ficar restrito à antiga problemática do "direito dos povos". Na verdade, de uma perspectiva histórica, o "direito dos povos" é o resultado de uma "tomada de terras". É indissociável do direito de conquista e de ocupação. A propriedade privada é seu fundamento. No entanto, a questão do novo *nomos* da Terra se impõe nos termos de uma comunidade integral que abarque todos os seres vivos. No âmbito dessa comunidade almejada, é o "direito dos vivos", e não mais o "direito dos povos", que define os graus e condições de pertença.

O "direito dos vivos" é, na verdade, o exato oposto do "direito dos povos". Ele se contrapõe à lógica do encerramento e do muramento que inevitavelmente acompanha a tomada e a captação de terras. Carl Schmitt nunca se cansou de repetir que o "direito dos povos" se fundava na cerca que encerra, na sebe que delimita, nas sujeições, ocupações e anexações. "No princípio, era o cerco", dizia. "O mundo moldado pelo homem é profunda e conceitualmente condicionado pela cerca, pelo cercamento, pela fronteira. É o cercamento que produz o santuário, retirando-o do domínio comum, colocando-o sob sua própria lei, consagrando-o ao divino."[2]

Testemunhamos a constituição de um novo horizonte sem solo firme, sem sebes nem cercas, marcos ou muros, a não ser imateriais. Esse novo horizonte está apenas parcialmente ligado ao direito, na medida em que, como sugeria Carl Schmitt, o direito é, antes de tudo, "terrestre e está referido à terra".[3] Ele engloba e transcende os territórios estatais, cruza mares e oceanos, atravessa a atmosfera. Seu advento é o resultado do trabalho realizado por diferentes tipos de computação em escala planetária, o que inclui redes inteligentes, computação em nuvem, aplicativos móveis e urbanos, sistemas universais de endereçamento, informática, robótica etc.

Essa megaestrutura não é acidental.[4] Mais do que uma arquitetura, é uma *arquitetônica*. Não se limita a dividir o mundo em novos espaços, mas anuncia o advento de uma nova geometria, em que a tecnologia se torna espaço e o espaço se torna tecnologia. Em tese, existe um direito igualitário à sua livre utilização, embora se saiba que é fácil opor barreiras e fronteiras a esse direito, ou que essa livre utilização não está ao alcance de todos, regida que é por um regime draconiano de propriedade.

Ao que parece, os grandes atos fundadores do direito em breve deixarão de ser apenas localizações ligadas ao solo e à sua demarcação. Não resta dúvida de que as "tomadas de terra" prosseguirão. Todas as grandes transformações, no entanto, agora ocorrem em

2. Carl Schmitt, *Le Nomos de la Terre*, op. cit., p. 78 [*O nomos da Terra*, op. cit.; *Der Nomos der Erde*, op. cit., pp. 43-44: *"Am Anfang steht der Zaun. Tief und begriffsbestimmend durchwirken Zaun, Hegung, Grenze die von Menschen geformte Welt. Die Hegung ist es, die das Heiligtum hervorbringt, indem sie es dem Gewöhnlichen entnimmt, eigenem Gesetz unterstellt, dem Göttlichen anheimgibt"*, passagem atribuída a Jost Trier, "Zaun und Mannring" *in*: *Beiträge zur Geschichte der deutschen Sprache und Literatur*, v. 66, 1942, p. 232].

3. Ibid., p. 48 [ibid., p. 38; ibid., p. 13: "Das Recht ist erdhaft und auf die Erde bezogen"].

4. Benjamin H. Bratton, *Plateformes, logiciel et souveraineté*. Paris: UGA Éditions, 2019.

escala planetária. Uma delas, como dissemos, refere-se à intensificação do uso dos solos mais produtivos e à exploração da Terra. Desde a Revolução Industrial, o objetivo permanece o mesmo: subordinar a face da Terra às necessidades de uma sociedade que agora é sintética. Isso exige a passagem da comercialização dos terrenos para a comercialização da própria Terra. Transformá-la num mercado implica, por sua vez, a transição para modelos tecnológicos intensivos e um novo ciclo de "tomadas" e apropriações dos terrenos ainda disponíveis. Mas isso só se justifica porque os terrenos assim tomados são o repositório do mundo vivo. Portanto, a jurisdição sobre o solo segue sendo importante. Mas é a jurisdição sobre o mundo vivo que, a partir de agora, regerá toda forma de aquisição definitiva de posse. Toda propriedade e todo ordenamento jurídico passam a ser determinados não apenas pelo solo, mas pelo mundo vivo. A "tomada da vida" é, de fato, nosso grande evento histórico e é em torno dela que se travará o conflito entre o poder público, a propriedade privada e o em-comum.

Consciência planetária

De resto, soma-se agora à existência terrestre e marítima uma outra, uma existência pluriescalar, mediada pelas telas. Com essa "terceira existência", esboça-se outro *nomos* da Terra, que não mais é apreendida e medida apenas pela consciência dos povos europeus. Isso não significa que a Europa não exerce mais nenhuma influência sobre a marcha do mundo, ou que agora devemos deixá-la de lado. Significa, porém, que ela não pode mais viver na ilusão de ser capaz de, sozinha, ditar o rumo dessa marcha. E isso não se aplica apenas à economia ou ao poder militar e tecnológico, pois é válido também ao campo da cultura, das artes e das ideias. O risco é que, diante desse rebaixamento histórico, desse eclipse, alguns sejam tentados a reagir seja com niilismo ou com uma escalada ideológica (ou com ambos), isto é, com um *eurocentrismo tardio*, ainda mais rançoso e virulento, ainda mais surdo, cego e revanchista do que no passado.

O eurocentrismo tardio dá continuidade a investidas anteriores. Originalmente, havia o eurocentrismo primitivo, que acompanhou as conquistas imperiais, a ocupação militar e a exploração dos territórios coloniais.[5] No decorrer dessa primeira "tomada de terras", o sonho era o da dominação universal. Tratava-se de destituir os "indígenas", "selvagens" e "bárbaros" de todo e qualquer direito, incluindo o de habitar a Terra, sob o pretexto de que praticavam idolatria, sacrifícios humanos e canibalismo.

Pretendia-se, assim, instituir uma humanidade superior, a dos conquistadores, contraposta, de fato e de direito, a outra humanidade, considerada inferior e paradoxalmente alheia à condição humana, excluída da espécie humana e, portanto, desprovida de proteção no marco de um direito reservado aos mais fortes. O primeiro eurocentrismo operava com base na divisão da espécie entre uma raça de homens superiores e uma raça de "homens desumanos". Essa divisão (e a diferença de *status* dela decorrente) autorizava a conquista de mundos distantes. A ordem internacional resultante não abria muito espaço para a igualdade universal dos seres humanos. No âmbito dessa ordem, a Europa era o centro de referência da Terra.[6]

Com a entrada da China em sua órbita, a ilusão da supremacia atingiu objetivamente seus limites máximos.[7] Resta agora extrair

5. Edward Said, *Orientalismo: o Oriente como invenção do Ocidente*. Trad. Tomás Rosa Bueno. Companhia das Letras: São Paulo, 1990 [*Orientalism*. Nova York: Vintage, 1978]; Walter Mignolo, *The Darker Side of Western Modernity. Global Futures, Decolonial Options*. Durham: Duke University Press, 2011.

6. André Gunder Frank, "Le développement du sous-développement", *Cahiers Vilfredo Pareto*, v. 6, n. 16-17, 1968; Samir Amin, *L'Accumulation à l'échelle mondiale*. Paris: Anthropos, 1970; Samir Amin, *L'Eurocentrisme. Critique d'une idéologie*. Paris: Anthropos, 1988; Immanuel Wallerstein, "Eurocentrism and Its Avatars. The Dilemmas of Social Science", *Sociological Bulletin*, 1º mar. 1997.

7. Giovanni Arrighi, *Adam Smith in Beijing. Lineages of the Twenty-First Century*. Nova York: Verso, 2007.

disso todas as consequências. A primeira consiste em novos caminhos a serem trilhados pela arte e pelo pensamento. A segunda consiste em multiplicar pontes e passagens para que possa haver encontros e para que, juntos, possamos finalmente nos libertar das visões unívocas da história e, mais ainda, da tentação colonial de sempre querer hierarquizar os seres e as coisas.

O que a nossa época realmente convida a fazer é a abrir amplamente o caminho para a *transversalidade*, quer dizer, para outras formas, multirrelacionais, de experimentar o tempo, o espaço e o sentido. Na era da combustão do planeta, enquanto "a contaminação radioativa prossegue e expande seu domínio sobre o planeta muito além das fronteiras nacionais",[8] urge inventar outras maneiras de habitar a Terra, na esperança de torná-la um verdadeiro refúgio não apenas para alguns, mas para todos, humanos e não humanos.

Nesse contexto, como não lembrar que, a partir de 1619, na bacia Atlântica, o maior obstáculo ao projeto de coabitação da Terra foi a raça? Em sua origem, a raça era uma realidade estritamente quimérica. No fundo, ela nunca existiu como um fato natural. Foi no início da era moderna que se descobriu, talvez pela primeira vez, que, como realidade estritamente espectral, seria um recurso inesgotável, uma formidável tecnologia de captação e apresamento de corpos e de compartimentação da Terra. Para tanto, precisa constantemente ser produzida, fabricada e colocada em circulação.

É esse processo histórico que chamamos de racialização, entendida como a aquisição e o emprego consciente de um conjunto de técnicas de poder (técnicas jurídicas, técnicas instrumentais, técnicas de representação, convenções sociais, usos, costumes e hábitos) com o objetivo de produzir uma realidade (a raça) que prontamente se busca naturalizar. Para isso, é necessário mascarar o seu caráter *fabricado*, justamente a fim de representar o resultado como um fato natural.

8. Sabu Kohso, *Radiations et Révolution*, op. cit. Do mesmo autor, ver "Radiation, Pandemic, Insurrection", *The New Inquiry*, 14 dez. 2020.

No Triângulo Atlântico, essa produção da realidade de acordo com os princípios da divisão, da diferenciação, da separação e da hierarquização está em vigor desde o século XVII.[9] Além disso, ao longo do eixo que liga a Europa à África, a África às Américas e as Américas à Europa, a chamada Era das Luzes culmina na produção dos Códigos Negros, por meio dos quais a raça, categoria espectral então hipostasiada, encontrou refúgio em inúmeros dispositivos jurídicos, especialmente nos regimes coloniais e escravistas.[10] Esses regimes acabaram por criar efetivamente um espaço quase à margem do tempo, para que, como técnica de poder que era, o racismo (na realidade, uma relação de forças historicamente datável) pudesse dali em diante encontrar em si mesmo o fundamento e a finalidade do seu funcionamento.

Em termos jurídicos, os Códigos Negros convertiam as pessoas de ascendência africana em "negros", ou seja, em matéria-prima explorável, insumo da riqueza. Produto de uma relação de forças e de uma relação de dominação, "o negro", pessoa racializada, é ao mesmo tempo um valor de troca e um valor de uso. Possui o valor de um bem móvel ou de uma mercadoria. Remete à utilidade de uma coisa. Ao mesmo tempo, é ele próprio criador de coisas e valores. Mas, à diferença do proletário propriamente dito, nem a sua força de trabalho nem o produto do seu trabalho são trocados por um salário.[11] Objetivamente, essa forma de expropriação primária não se restringe à alienação de classe. Com o trabalho assalariado, ela tem em comum o fato de ser uma

9. Ver Peter Kolchin, *American Slavery, 1619-1877*. Nova York: Hill and Wang, 1993; Thomas D. Morris, *Southern Slavery and the Law, 1619-1860*. Chapel Hill: University of North Carolina Press, 1996.

10. Phillip J. Schwarz, *Twice Condemned. Slaves and the Criminal Laws of Virginia, 1705-1865*. Union: Lawbook Exchange, 1998; Sally E. Hadden, *Slave Patrols. Law and Violence in Virginia and the Carolinas*. Cambridge: Harvard University Press, 2001.

11. Ver W. E. B. Du Bois, *Black Reconstruction in America. An Essay Toward a History of the Part Which Black Folk Played in the Attempt to Reconstruct Democracy in America, 1860-1880*. Harcourt: Brace and Company, 1935.

operação de captura do tempo, da energia e da força de trabalho, mas se distingue dele na medida em que a alienação racial é uma forma de *alienação inata*, inquantificável e sem equivalente objetivo.[12] Para além da captura dos corpos, das energias e dos fluxos vitais, havia ainda um descrédito e uma desonra inerentes, a humilhação e uma abjeção hereditária, transmitida de geração em geração e, portanto, insuperável por definição. Foi o que o sociólogo Orlando Patterson chamou de "morte social".[13]

Não resta dúvida de que a raça e o princípio da hierarquia racial foram motores privilegiados do pensamento colonial.[14] Ainda assim, cabe precisar que o pensamento colonial não constitui a totalidade do pensamento europeu, tendo em vista que este desenvolveu, ao longo dos séculos e em seu cerne, os termos de sua própria refutação. Por pensamento colonial, deve-se entender, portanto, o conjunto de técnicas e ciências, mitos, saberes e conhecimentos que, desde o século XV, tornaram possível a destruição das condições de renovação da vida na Terra.

A implementação desse arranjo (mitos, ciências, tecnologia, saberes e conhecimentos) por quase quatro séculos levou a uma profunda desestabilização tanto de diversas sociedades distantes quanto dos processos naturais em geral.[15] Seja como for, o gesto colonial remete fundamentalmente à captação de forças e corpos autônomos, de fluxos vitais que são fracionados, dispendidos e recodificados (racialização) e aos quais se busca transformar em energia imediata, manipulável, vendável e comprável.

Uma das principais características do pensamento colonial assim entendido é o lugar por ele concedido à abstração. Com

12. Ver Cedric J. Robinson, *Black Marxism. The Making of the Black Radical Tradition*. Chapel Hill: University of North Carolina Press, 1983.

13. Orlando Patterson, *Slavery and Social Death. A Comparative Study*. Cambridge: Harvard University Press, 1982.

14. No caso francês, ver Elsa Dorlin, *La Matrice de la race. Généalogie sexuelle et coloniale de la nation française*. Paris: La Découverte, 2006.

15. David Gé Bartoli e Sophie Gosselin, *Le Toucher du monde*, op. cit., p. 15.

efeito, do ponto de vista colonial, conhecer como tal não consistia necessariamente numa *permanência junto* às coisas em si (animismo), muito menos junto aos Outros. Em grande medida, conhecer consistia em dar forma e quantificar relações de distância – entre unidades tomadas isoladamente; unidades mantidas separadas umas das outras naquilo que David Bartoli e Sophie Gosselin, embora tratando de outro assunto, chamaram de "relação de distanciamento recíproco". Essa capacidade de dar forma, codificar e institucionalizar relações de separação não passava de mera especulação. Em muitos casos, levou à destruição das condições da experiência sensível, que, como hoje se percebe melhor, é absolutamente necessária para qualquer ética de coabitação, quer se trate da coexistência entre seres humanos ou entre espécies.

Além das técnicas e das ciências, dos saberes e dos conhecimentos, havia também, evidentemente, as infraestruturas. Aquilo que chamamos de raça era uma delas. Quem é capaz de negar o quanto o racismo colonial foi consubstancial ao liberalismo e o quanto a violência racial foi necessária à constituição da ordem mundial?[16] Quem é capaz de negar o papel que a raça desempenhou nas dinâmicas de expropriação e exploração em escala mundial e nos mecanismos de instituição do poder e do vínculo social no próprio seio das sociedades ocidentais?[17] O racismo também serviu de pilar ao capitalismo, na medida em que, para os propósitos de sua expansão planetária, o próprio capitalismo se apoiou constantemente no que bem podemos chamar de subsídios raciais.[18]

16. Uday Singh Mehta, *Liberalism and Empire. A Study in Nineteenth-Century British Liberal Thought*. Chicago: University of Chicago Press, 1999; Duncan Bell, *Reordering the World. Essays on Liberalism and Empire*. Princeton: Princeton University Press, 2016.

17. Stuart Hall, *Selected Writings on Race and Difference*. Durham: Duke University Press, 2021; Simon Gikandi, *Slavery and the Culture of Taste*. Princeton: Princeton University Press, 2011.

18. Sobre esses debates e críticas, ver Edward Baptist, *The Half Has Never Been Told. Slavery and the Making of American Capitalism*. Cambridge: Harvard University Press, 2016; Sven Beckert, *Empire of Cotton. A Global History*. Nova York: Alfred A. Knopf, 2014; Walter

O racismo é também uma resposta ao declínio europeu. Ele assume a forma de um eurocentrismo virulento, nativista e com vocação erradicante. Aferrado a um passado fictício e alheio às tradições de dissidência no cerne do próprio cânone europeu, ele se compraz com uma melancolia mórbida, ao passo que aquilo de que o mundo precisa é de novas formas de pensar a vida.[19] Enquanto o eurocentrismo primitivo visava consolidar a conquista e a dominação europeia sobre o mundo, o eurocentrismo tardio, o do século XXI, procura justificar a contração da Europa sobre si mesma, sua retirada do mundo (*askêsis*) e seu eclipse, apelando para uma violência extirpadora contra as correntes de pensamento que o contestam.

Ao contrário do que preconiza o senso comum, a crítica ao eurocentrismo e a suas metamorfoses não data de hoje. Nas tradições afrodiaspóricas, em particular, ela se cristalizou em torno de alguns conceitos-chave, especialmente os de abolição e descolonização, que, aliás, sempre foram objeto de acirrados debates, quer nas correntes afrocentristas, afropessimistas ou afrofuturistas. Em grande medida, o abolicionismo não apenas precedeu o Iluminismo. Foi o abolicionismo que garantiu sua universalidade.[20]

Esse vasto movimento de ideias de cunho multinacional e multirracial se propagou ao longo de três séculos. Antecipando o que hoje chamamos de "interseccionalidade", atou num só nó as preocupações raciais e de gênero (*a raça das classes e seus gêneros*), as preocupações relacionadas à história do próprio capitalismo (*a classe das raças e seus gêneros*)[21] e as preocupações relacionadas

Johnson, *River of Dark Dreams. Slavery and Empire in the Cotton Kingdom*. Cambridge: Harvard University Press, 2016; Trevor Burnard e Giorgio Riello, "Slavery and the New History of Capitalism", *Journal of Global History*, v. 15, n. 2, 2020.

19. Paul Gilroy, *Mélancolie postcoloniale*, op. cit.

20. Ver Manisha Since, *The Slave's Cause. A History of Abolition*. New Haven: Yale University Press, 2008.

21. Bronwen Everill, *Not Made by Slaves. Ethical Capitalism in the Age of Abolition*. Cambridge: Harvard University Press, 2020.

à justiça universal.[22] E teve dois grandes momentos. O primeiro coincidiu com as incipientes críticas ao tráfico de escravos e ao sistema escravista nas Américas a partir do século XVI (Bartolomé de las Casas). Alcançou seu apogeu entre os *quakers* e outros dissidentes protestantes e nos círculos revolucionários e anticolonialistas entre os anos 1770 e 1820.[23] A Revolução Haitiana, de 1791 a 1804, constituiu o ponto culminante da causa antiescravista. A segunda onda abolicionista vai da década de 1820 até a Guerra Civil Americana,[24] exigindo o fim imediato da escravidão.

Se a ideia de abolição se opõe, por princípio, a qualquer sistema de captura e equivale a uma demanda radical por justiça diante de tudo o que coloca em risco as condições de renovação da vida, a ideia de anticolonialismo não é menos incisiva. O movimento anticolonialista dá continuidade efetiva às intuições originais do movimento abolicionista. Na sua essência, o anticolonialismo visa à autodeterminação, ou seja, a libertação do poder, inerente àqueles que, no paradigma colonial, foram reduzidos a mera matéria bruta.[25] Assim como o projeto abolicionista, o anticolonialismo busca reinventar as formas do comum e fomentar suas novas manifestações.[26]

Na época do movimento da negritude, no rescaldo da guerra contra o fascismo e o nazismo, o anticolonialismo se identificava

22. Ida B. Wells, *Crusade for Justice. The Autobiography of Ida B. Wells* (organizado por Alfreda M. Duster). Chicago: University of Chicago Press, 1970.

23. Benjamin Quarles, *The Negro in the American Revolution*. Charlottesville: University of North Carolina Press, 1996.

24. John David Smith (org.), *Black Soldiers in Blue. African-American Troops in the Civil War Era*. Charlottesville: University of North Carolina Press, 2004.

25. Adom Getachew, *Worldmaking after Empire. The Rise and Fall of Self-Determination*. Princeton: Princeton University Press, 2019.

26. Aric Putnam, *The Insistent Call. Rhetorical Moments in Black Anticolonialism, 1929-1927*. Amherst: University of Massachusetts Press, 2012; Michael Goebel, *Paris, capitale du tiers monde. Comment est née la révolu-ion anticoloniale (1919-1939)*. Paris: La Découverte, 2017 [2015]; Chad L. Williams, *Torchbearers of Democracy. African-American Soldiers in World War I Era*. Charlottesville: University of North Carolina Press, 2010.

com a busca por um *logos* autofundador.[27] Hoje, muito mais do que uma provocação, "descolonizar" tornou-se uma intimação, um movimento irrefreável. Tanto no passado como nos dias de hoje, essa busca sempre trouxe a reboque suas próprias ambiguidades e contradições.[28] A um só tempo ato de rebeldia, prova de força e tomada de poder, do poder de autoinstituição e de autointerpretação, a intimação descolonial não deixa de cativar incontáveis mentes, tanto no Norte quanto nos Suis do mundo.

O Todo-Mundo

"Descolonizar" não será de grande valia, contudo, se não levar a uma verdadeira desapropriação, do tipo que ainda há pouco era delineado por Édouard Glissant. Ao grande gesto de *desapropriação*, Glissant se referia usando o termo Todo-Mundo. O conceito de Todo-Mundo é marcado por três atributos característicos. Em primeiro lugar, representa uma ruptura completa com qualquer que fosse a forma assumida pelo enclausuramento, territorial, nacional, étnico-racial ou religioso. Em segundo lugar, opõe-se ao tipo de universalismo autoritário que serviu de base ao empreendimento colonial – um universalismo de conquista, que buscava se atualizar não numa multiplicidade de corpos e existências, mas num corpo único, arbitrariamente tomado como o único corpo verdadeiramente significativo. Em terceiro lugar, no espírito do Todo-Mundo, o apelo ao conhecimento é, antes de tudo, um convite a sair da ignorância voluntária, a descobrir nossos próprios limites. Trata-se, sobretudo, de aprender a *nascer-com-os-outros*, isto é, de romper sem peias todos os espelhos nos quais esperamos ver inapelavelmente refletida a nossa própria imagem.

27. Donna V. Jones, *The Racial Discourses of Life Philosophy. Négritude, Vitalism, and Modernity*. Nova York: Columbia University Press, 2011.
28. Achille Mbembe, *Sair da grande noite*, op. cit.; e "Thoughts on the Planetary", *New Frame*, 5 set. 2019.

O mundo do Todo-Mundo, segundo Édouard Glissant, era tecido e tramado a partir do entrelaçamento e das relações entre uma multiplicidade de focos. O maior obstáculo ao seu advento era a ignorância que a tal ponto se desconhece que acaba se convertendo em mero nativismo, de um tipo que tenta fazer-se passar tanto por ciência quanto por universalismo. A luta contra essa forma de ignorância exigia que saíssemos de nós mesmos, que abríssemos deliberadamente a possibilidade de múltiplas passagens e múltiplas travessias. Pois somente a prova da passagem e da travessia permite que não falemos incessantemente de nós mesmos, ou de outros mundos, não raro tomando o lugar deles, como se já não existissem por si mesmos, mas que juntos possamos olhar e, quem sabe, enxergar, mas sempre a partir de uma pluralidade de mundos.

O mesmo se pode dizer, *mutatis mutandis*, da desapropriação propriamente dita. Compartilhar a Terra ou repará-la significa esforçar-se para escutar, observar e enxergar a realidade a partir de vários mundos e focos ao mesmo tempo; ler e interpretar a história com base numa multiplicidade de arquivos. Um projeto assim exige que se empreenda urgentemente uma crítica renovada da diferença, da separação e da segregação. Pois, sem essa crítica resoluta da diferença, aquilo que V. Y. Mudimbe chamava de "biblioteca colonial", a pedra angular do eurocentrismo, dificilmente será desmantelada.[29] Compartilhar a Terra significa, além disso, aprender a nascer juntos (a conascença). Aliás, nascer juntos é a única maneira de superar o duplo desejo de separação e segregação inerente ao pensamento colonial – separação dos humanos entre si, separação dos humanos em relação às outras espécies, em relação à natureza, em relação às múltiplas forças do mundo vivo.

A ilusão colonial, a da separação e da segregação, já teve o seu tempo. Sobre suas cinzas estão surgindo, tanto no Norte quanto

29. V. Y. Mudimbe, *L'Invention de l'Afrique. Gnose, philosophie et ordre de la connaissance*. Paris: Présence Africaine, 2021 [1988].

no Sul e no Leste, pensamentos novos, à altura do planeta. Na maioria dos casos, não têm como objeto apenas os seres humanos, mas também a terra, o fogo, o ar, a água e os ventos, enfim, tudo o que é vivo.[30] Todos eles são, por definição, anticoloniais, se por "colonial" entendemos a recusa de "nascer juntos", a obstinação em separar, em erguer muros, todo tipo de muralhas e fortalezas, em transformar caminhos em fronteiras, a identidade em isolamento, a própria liberdade em propriedade privada.[31] Esses pensamentos anticoloniais e pós-eurocêntricos privilegiam não essências ou blocos compactos e homogêneos, mas as porosidades. Não se escoram numa herança nacionalista, muito menos na ideia de uma comunidade perdida a ser ressuscitada. Ao passo que o eurocentrismo tinha o hábito de compartimentar tempos, espaços e histórias em elementos descontínuos, marcados por diferenças supostamente irredutíveis e inassimiláveis, esses pensamentos trazem à tona os entrelaçamentos.

Nas artes, na música, no cinema e em outras formas de escrita, eles buscam multiplicar as passagens e estabelecer pontes. Enquanto o eurocentrismo tardio vê por toda parte apenas linhas de ocupação, pontes a serem rompidas, muralhas a serem erguidas, prisões a serem construídas, pontos de chegada que nunca se conectam aos pontos de partida, os pensamentos do Todo-Mundo sustentam que todos somos permeados por múltiplas genealogias e percorridos por linhas sinuosas e interconectadas. Esses pensamentos anticoloniais e pós-eurocêntricos estão em franca ascensão hoje, e não apenas no Sul do mundo. Despontam inclusive no coração da Europa e nos Estados Unidos. Mas, num momento de retração para identidades que muitas vezes são fantasiadas, na era do conspiracionismo e da produção deliberada de

30. Édouard Glissant, *La terre, le feu, l'eau et les vents. Une anthologie de la poésie du Tout-Monde*. Paris: Galaade, 2010.

31. Tim Ingold, *Une brève histoire des lignes*. Paris: Zones sensibles, 2013.

desinformação e discórdia, o seu florescimento e o eco que têm junto às novas gerações suscitam, especialmente (mas não apenas) nos antigos centros do mundo, ansiedade, medo e pânico.[32]

Desejo de brutalidade

Isso ocorre porque uma nova guerra de caráter quase religioso tomou conta do mundo. Travada em escala global pela extrema direita mundial contra uma variedade de inimigos reais ou imaginários (liberais, esquerdistas, marxistas, ativistas de minorias, imigrantes, *queer*, feministas decoloniais, islamoesquerdismo), visa subverter os próprios termos da realidade e seus modos de manifestação e revelação.[33] Estudar a forma como essa guerra é travada permite lançar uma luz viva sobre alguns dos grandes fantasmas da nossa época.[34]

O primeiro é o fantasma do enclausuramento e seu corolário, a violência erradicadora e extirpadora.[35] Esse desejo de brutalidade, sobretudo em relação aos perdedores, aos mais fracos e vulneráveis entre nós, especialmente àqueles que outrora foram subjugados, alimenta-se do surgimento das teologias da necrose. Trata-se de novas fábulas que pregam a impossibilidade e a incompatibilidade – encontros impossíveis, partilhas impossíveis, enfim, a impossibilidade de uma multiplicidade de mundos. A contrapelo do onipresente ímpeto de excomunhão e totalização.[36]

32. Ver Arjun Appadurai, "Fear of Small Disciplines. India's Battle Against Creative Thought", *Postcolonial Studies*, v. 24, n. 1, 2021.

33. Ver Melinda Cooper, "The Alt-Right. Neoliberalism, Libertarianism and the Fascist Temptation", *Theory, Culture & Society*, v. 38, n. 6, 2021.

34. Nick Land, *The Dark Enlightenment* (disponível em: *thedarkenlightenment.com*); Olivia Goldhill, "The Neo-Fascist Philosophy That Underpins Both the Alt-Right and Silicon Valley Technophiles", *Science Reporter*, 18 jun. 2017.

35. Ver Paul Gilroy, "Working with 'Wogs': Aliens, Denizens and the Machinations of Denialism", *Communication, Culture and Critique*, v. 15, n. 2, 2022, pp. 122-138.

36. Scott F. Alkin, "Deep Disagreement, the Dark Enlightenment, and the Rhetoric of the Red Pill", *Journal of Applied Philosophy*, v. 36, n. 3, 2018.

O segundo é o fantasma da extinção e da substituição.[37] Nesta guerra travada a golpes de demonização e deslegitimação, que opõe narrativas fundamentalmente incompatíveis, alega-se que a raça branca estaria sitiada, ameaçada de extinção, vítima de um pernicioso racismo reverso. O Ocidente e a "sua civilização" são apresentados como um corpo pleno e autossuficiente, que se teria desenvolvido ao longo dos séculos a partir do seu próprio tecido. Não teria nenhuma dívida com ninguém, muito menos reparações devidas. Estaria, pelo contrário, à mercê de graves ameaças internas, riscos de desmembramento gerados por grupos igualmente internos, mas prontos a pactuar com inimigos ingratos e mal-intencionados.[38] Daí a necessidade de uma autodefesa contundente.[39]

A teologia da necrose que justifica essa guerra distingue duas categorias antagônicas de seres humanos: os bons e os maus, os amigos e os inimigos, a maioria e a minoria. Dualista e maniqueísta, ela descarta por princípio qualquer possibilidade de coabitação.[40] No entanto, vindos de quase todas as partes do mundo, gritos impossíveis de abafar continuam a se elevar aos céus. O velho problema de saber como pensar a singularidade do outro na irredutibilidade de seu sofrimento volta a se colocar com acuidade, enquanto o planeta se vê imerso num movimento de combustão acelerada e a demanda por um pensamento que não seja local nem regional, mas verdadeiramente planetário, nunca foi tão premente.

É possível encontrar elementos desse pensamento planetário nos arquivos do Todo-Mundo. Devemos lembrar que houve um

37. Chetan Bhatt, "White Extinction. Metaphysical Elements of Contemporary Western Fascism", *Theory, Culture and Society*, v. 38, n. 1, 2020.

38. Ilan E. Strauss, "The Dark Reality of Betting Against QAnon", *The Atlantic*, 1º jan. 2021; Clive Thompson, "QAnon Is Like a Game, A Most Dangerous Game", *Wired*, 22 set. 2020; David Goldberg, "On Civil War", loc. cit.

39. Ver Roger Burrows, "On Neoreaction", *The Sociological Review*, 28 mar. 2019; Hans-Hermann Hoppe, *Democracy. The God That Failed. The Economics and Politics of Monarchy, Democracy, and Natural Order*. New Brunswick: Transaction Publishers, 2001.

40. Angela Nagle, *Kill All Normies. Online Culture Wars from 4Chan and Tumbler to Trump and the Alt-Right*. Winchester: Zero Books, 2017.

tempo em que a crítica à escravidão racial e ao colonialismo e a denúncia do antissemitismo constituíam pré-requisitos para qualquer posicionamento em relação às lutas universais pela igualdade, justiça e emancipação humanas.[41] Naquela época, tratava-se de afirmar que não havia dois tipos de humanidade. Pensava-se que, dispersa por todos os pontos do globo, a massa incomensurável de viventes convergia em direção a uma humanidade única, amplamente aberta a todas as forças da vida.[42] Longe de designar apenas um parente, um compatriota ou alguém pertencente ao mesmo povo, o próximo era, por definição, aquele que tinha um rosto humano, pouco importando se esse rosto tinha ou não as características de nossa própria etnia, religião ou nacionalidade.[43]

Assim, foi com as revoltas de escravos, como no Haiti, as grandes campanhas abolicionistas do século XIX e as insurreições anticoloniais que categorias como liberdade, alteridade, universalidade e direito à autodeterminação vieram a, por assim dizer, "*ganhar corpo*" de forma palpável *para todos* e acabaram por conquistar densidade política e filosófica, e que foi reafirmada a realidade da nossa pertença comum à humanidade A crença era que, por meio dessa "comunidade de participação", a aventura humana na Terra poderia finalmente fazer sentido. Cada rosto, em sua singularidade, poderia finalmente ser protegido da desumanidade, e o sofrimento daqueles que constituíam a maioria da humanidade poderia finalmente ter fim.[44]

O ultranacionalismo, hoje, enquanto força social e sensibilidade cultural, a par das ideologias de supremacia racial, têm vivido um renascimento incontestável em todo o mundo. Esse ressurgimento é acompanhado pela ascensão de uma extrema direita

41. Ver Manu Goswami, "Imaginary Futures and Colonial Internationalisms", *The American Historical Review*, v. 117, n. 5, 2012, pp. 1 461-1 485.
42. Ver Helen Tilley, "Racial Science, Geopolitics, and Empires", *Isis*, v. 105, 2014, pp. 773-781.
43. Michael Goebel, *Paris, capitale du tiers monde*, op. cit.
44. Simone Weil, *Écrits historiques et politiques*. Paris: Gallimard, 1960, pp. 331-378.

linha-dura, xenófoba e abertamente racista, que ocupa cargos em muitas instituições das democracias ocidentais e cuja influência se faz sentir até mesmo no seio de estratos os mais diversos da própria tecnoestrutura. Num ambiente marcado pela segregação e privatização das memórias e por discursos sobre a incomensurabilidade e incomparabilidade dos sofrimentos, o conceito estritamente ético do próximo como um outro eu deixa de ser admissível.

À ideia de uma semelhança humana essencial se sobrepôs a da diferença vista como anátema e tabu. Tornou-se muito difícil, portanto, sustentar que, em cada um dos inúmeros cenários da derrota e da expropriação, do trauma e do abandono que nos foram legados pela história moderna, foi o semblante não só da humanidade inteira, mas do próprio mundo vivo como um todo que foi reiteradamente desfigurado. É quase como se conceitos como "humanidade", "raça humana", "gênero humano" ou "espécie humana" já não tivessem qualquer valor, por mais que as pandemias contemporâneas, produto da progressiva combustão do planeta, insistam em lhes devolver toda a importância e todo o sentido.

Por outro lado, assistimos no Ocidente, mas também em outras partes do mundo, à ascensão de novas modalidades de um racismo que poderíamos qualificar como paroxístico. A característica distintiva do racismo paroxístico é infiltrar-se de forma metabólica nos mecanismos do poder, da tecnologia, da cultura, da linguagem e até mesmo da atmosfera que respiramos. A dupla guinada do racismo, tecnoalgorítmica e ecoatmosférica, faz dele uma arma cada vez mais letal, um fenômeno viral. Consideramos viral essa forma de racismo porque está associada à exacerbação dos medos, inclusive e, sobretudo, o medo da extinção, que parece ter se tornado um dos motores das correntes supremacistas brancas espalhadas pelo mundo. Mas a virulência do racismo contemporâneo só encontra paralelo em sua negação. O eurocentrismo tardio é uma forma maligna dessa negação. Numa espetacular inversão de papéis, as lutas antirracistas têm sido responsabilizadas pela ascensão do racismo. Os mais hediondos crimes históricos cometidos pela Europa no coração da Europa são agora imputados a outros, a começar pelos descendentes das vítimas do imperialismo europeu. Ao mesmo tempo, com a escalada tecnológica e a crise do neoliberalismo, acentua-se a guinada iliberal das democracias liberais.

Mas reparar a Terra exige permanecer o mais próximo possível de seus restos, de seus resíduos, dos corpos em agonia e de todas as formas degradadas de vida. Na era da generalização dos dispositivos digitais e do retorno forçado da humanidade ao seio do domínio natural, os Estados-nações não desapareceram, continuam a existir. E a maioria deles ainda aspira à soberania econômica, tecnológica e militar, e até mesmo demográfica. Ao contrário do que tantas vezes se afirmou, não se viram de maneira alguma desprovidos de substância. Graças ao que se designa por "globalização", viram-se, na verdade, beneficiados por uma transfusão de "substância". E essa "substância" é a *identidade*. De uma forma hipostasiada, é compreendida como aquilo que não admite mistura nem comparação. Seria incompatível com outras identidades. A diferença seria um direito em nome do qual cada um deve permanecer em seu lugar. A comunidade monoétnica seria a imagem perfeita de uma autêntica comunidade. A ecologia seria uma questão relativa às populações enraizadas num território que seria transmitido de geração em geração, de preferência por laços de sangue. Mas essa "substância" é também uma relação patogênica com a memória, inclusive com a memória das atrocidades.

A existência histórica de uma categoria de injustiças de natureza irreparável é uma verdade que a consciência moderna tende a esquecer. Em princípio, os perpetradores de injustiças irreparáveis deveriam ser condenados a assumir a responsabilidade por elas *ad aeternam*. Mas o que acontece quando eles já não estão vivos? Serão seus descendentes herdeiros de injustiças das quais não são causadores diretos? O que se entende por "irreparável"? Consiste o irreparável no fato de que nenhuma indenização, tenha ela a dimensão que tiver, será capaz de restituir à vítima ou a seus descendentes aquilo que perderam? Ou então no fato de ser o crime imensurável, incalculável, inestimável e, portanto, impagável por definição? Ser impagável, por si só, invalida a legitimidade das reivindicações, ou mesmo a necessidade da reparação? Mas o que significa concretamente, em tais condições, a demanda reparatória por um crime que é irreparável?

Aliás, o que significa afinal ser culpado num caso em que nenhuma punição é capaz de expiar a ofensa? Ao que poderia corresponder a pena máxima para um crime impagável? Considera-se alguém culpado de uma vez por todas, ou será que a culpabilização nada tem a ver com a passagem do tempo? Uma vez declarado culpado, permanece-se culpado para sempre? O culpado e a sua vítima ficarão eternamente vinculados? Deve-se considerar que, uma vez cometido o crime, eles nunca mais conseguirão se livrar desse vínculo negativo, não poderão se desvincular um do outro até que seja feita justiça? Mas o que significa justiça, ou fazer justiça, quando o crime é de tal magnitude que nenhuma justiça jamais será suficiente para garantir a compensação correspondente? E se, por outro lado, não se podem herdar os crimes dos antepassados, decorre disso que apenas os contemporâneos são culpados pelos crimes do seu tempo? O que significa, nesse caso, ser responsável pelos crimes de um passado do qual não se foi participante ativo nem testemunha ocular?

Na verdade, a maioria dessas questões fica sem resposta. A tentação de despejá-las por cima de bodes expiatórios forasteiros ou domésticos assombra muitas nações que se revelaram incapazes de lidar com as neuroses da culpa. Contudo, digam o que disserem, a culpa ocupa uma posição preponderante nos esforços de reparação das injustiças históricas. O sentimento de culpa pode, em certas circunstâncias, abrir caminho não apenas para o reconhecimento dos danos, mas também para um possível processo de cura do próprio perpetrador. Sem o reconhecimento dos danos infligidos à vítima, não há reparação possível. Mas a culpa pode ser intergeracional, isto é, transmitida de geração em geração? Até que ponto a recusa obstinada em assumir as injustiças históricas acompanha ou faz parte das metamorfoses contemporâneas do racismo? Querer se purificar a todo custo desse sentimento e da má consciência que dele decorre é exatamente o oposto da posição que consiste em aceitar viver com o crime e reconhecer que o trabalho sobre si mesmo que ele exige não pode ser transferido a bodes expiatórios, e que é e sempre será, por definição, tão insuficiente quanto interminável. Essas são algumas das questões que pairam com um peso sem precedentes sobre a consciência contemporânea.

Do Todo-Mundo ao Todo planetário

Quando os conceitos de "povo" ou "nação" pareciam estar objetivamente prestes a desaparecer, ganharam repentinamente um novo fôlego. O Estado identitário contemporâneo se reconfigura em duas direções. Primeiro, como um *biótopo* a ser defendido contra espécies invasoras. Depois, como um dispositivo imunológico que se usa para delimitar a fronteira entre um "eu" saudável e virtuoso e um "não eu" contagioso, contra o qual é preciso se proteger a todo custo. Essa linha de proteção é tanto física quanto imaginária. Mas é também étnica, cultural e racial. Enquanto isso, um *corpo planetário* vai tomando forma, e o Estado e a democracia cumprem cada vez mais funções imaginárias. O Estado, em particular, mudará de forma, mas não desaparecerá. Diante da desordem do mundo, despontará cada vez mais como um alicerce e servirá mais e mais como escudo contra inimigos potenciais, reais ou fictícios, que não serão apenas outros Estados, outras "populações nacionais", mas também todo tipo de parasitas, vírus, micróbios e bactérias. Essa inflexão microbiana e viral da ameaça já opera em dois planos: internamente, contra os inimigos de dentro, e externamente, contra os estrangeiros, possuída que é pelo fantasma da guerra civil.

No contexto vigente, o Estado será chamado a garantir a permanência de uma ordem social assumida como estado natural e na qual a desigualdade não sofre nenhum questionamento, os direitos humanos são reservados aos cidadãos natos, a igualdade entre homens e mulheres é continuamente contestada e diferenças insuperáveis opõem os grupos populacionais entre si, os sexos entre si, assim como os povos e as raças, supostamente dotados de genes distintos. O Estado-biótopo é, por definição, ecofascista: obcecado pelo controle da população e do meio ambiente, alimenta-se de determinismos biológicos e acredita firmemente numa ordem social imutável, dentro da qual são consideradas naturais as hierarquias entre os povos, entre as raças, entre as etnias e entre os sexos. Um Estado como esse se funda no sonho de uma comunidade litúrgica constituída de uma vez por todas no passado. Ela não precisaria ser recomposta a cada tanto. Não precisa ser criada, nem inventada, nem produzida, pois sempre esteve onde está, imutável e com uma forma intangível a ser reproduzida sempre de modo idêntico, como se o próprio tempo tivesse parado.

A esse Estado-biótopo, figura negativa do *convívio entre pares*,[45] convém opor a *comunidade terrestre* como aquilo que melhor

45. Em itálico no original, a expressão *entre-soi* apresenta notável densidade semântica na literatura acadêmica francesa e amplo espectro de variantes de tradução nas ciências humanas brasileiras. Carregando o sentido literal de "entre si", o termo designa uma forma específica de sociabilidade caracterizada pela homogeneidade social, cultural ou ideológica dos participantes, implicando simultaneamente intimidade, reconhecimento mútuo e, frequentemente, exclusão de elementos externos ao grupo. Na sociologia francesa clássica, o conceito aparece com particular relevância em Pierre Bourdieu, ao longo de cuja obra assume o papel de articular dimensões de classe, *habitus* e distinção social. Na tradução brasileira de *La Distinction*, observa-se a opção por sublinhar o aspecto excludente: "le *entre-soi* des élus" é vertido como "o círculo fechado dos eleitos" (Pierre Bourdieu, *A distinção: crítica social do julgamento*. Trad. Daniela Kern e Guilherme J. F. Tei-

define o horizonte do nosso tempo. Devemos à revolução tecnológica o lento surgimento de um novo corpo planetário, que abre caminho à possibilidade de um novo pensamento a respeito da Terra, surgimento esse que constitui, por sua vez, o evento marcante deste início de século e que coincide com a aceleração do processo de combustão da Terra. Um dos principais efeitos da combustão acelerada da Terra é que já não há nem haverá um lado de fora. Não haverá mais refúgio. Não haverá mais imunidade. A fronteira passará a estar por toda parte. *Passaremos progressivamente do Todo-Mundo ao Todo planetário*. Mas em que consiste precisamente esse corpo planetário?

xeira. São Paulo, Porto Alegre: Edusp, Zouk, 2007, p. 147 [*La Distinction: critique sociale du jugement*. Paris: Les Éditions du Minuit, 1979, p. 160]). A polissemia conceitual de *entre-soi* manifesta-se também em sua apropriação pela filosofia política contemporânea, como em Pierre Rosanvallon, onde assume conotações ligadas à reprodução interna das elites: "la montée de l'*entre-soi* dans les élites" torna-se "a ascensão da endogamia social nas elites" (*O corpo político: história da representação democrática*. Trad. Rosa Freire d'Aguiar. São Paulo: Companhia das Letras, 2011, p. 213 [*Le Corps politique*. Paris: Éditions du Seuil, 2011, p. 196]). Em outros registros, como em Jean-Luc Nancy, o termo é mantido em francês e glosado como "forma de convivência exclusiva e autorreferente", preservando sua densidade conceitual original (*A comunidade desautorizada*. Trad. Cícero Oliveira. Florianópolis: Cultura & Barbárie, 2018, p. 33, nota 12 [*La Communauté désavouée*. Paris: Éditions Galilée, 2014]). O emprego do termo feito por Édouard Glissant viu "l'illusion d'un *entre-soi* culturel" ser vertido como "a ilusão de um isolamento identitário" (*Poética da relação*. Trad. Helena Tanaka. Rio de Janeiro: Rocco, 2011, p. 59 [*Poétique de la Relation*. Paris: Gallimard, 1990, p. 56]). Na psicanálise, Jean Laplanche traduz *entre-soi* por "autocirculação", destacando a autorreferência como estrutura psíquica: "une structure de l'*entre-soi*" torna-se "uma estrutura da autocirculação" (*Os poderes da perversão*. Trad. Cláudia Berliner. Rio de Janeiro: Imago, 1991, p. 104 [*Les pouvoirs de la perversion*. Paris: Flammarion, 1986, p. 116]). Na crítica cultural, o uso do termo por Jacques Rancière expressa a lógica de exclusão dos grupos dominantes: "la démocratie brise l'*entre-soi* des possédants" é traduzido como "a democracia rompe a autoclausura social dos possuidores" (*O ódio à democracia*. Trad. André Telles. São Paulo: Boitempo, 2014, p. 42 [*La Haine de la démocratie*. Paris: La Fabrique, 2005, p. 38]). Todas essas variantes evidenciam o esforço dos tradutores brasileiros em preservar, segundo cada campo disciplinar, tanto a riqueza quanto a tensão semântica do termo, em soluções que vão do fechamento elitista à autorreferência identitária ou institucional. A própria polissemia do termo reflete sua intenção de capturar simultaneamente ganhos subjetivos e riscos objetivos da coesão pretensamente homogênea, dificultando a opção por uma tradução única que preserve simultaneamente sua carga descritiva (a intimidade e o conforto da familiaridade) e sua dimensão crítica (os riscos do ensimesmamento e do fechamento social), tensão central nos diagnósticos contemporâneos sobre convergência e fragmentação nas sociedades democráticas. [N. T.]

Trata-se, antes de tudo, de um *corpo de riscos* contra os quais se acredita ser absolutamente necessário proteger-se. Por isso a relegitimação do sacrifício de certas vidas como condição para a sobrevivência das massas. São riscos os mais variados, cuja avaliação permanente e em tempo real passou a representar a maior parte do trabalho que é governar. O cálculo dos riscos exige, por sua vez, a implementação de múltiplos dispositivos, que se baseiam em conhecimentos cujo fulcro é, em toda a sua extensão, matemático e informático. Mas tanto a prevenção quanto a gestão dos riscos passam pelo controle e pela imposição de novas restrições a categorias populacionais inteiras em nome da segurança. Esse corpo de riscos não é composto apenas por seres humanos. Não é simplesmente um corpo social, pelo menos não no sentido clássico do termo. Pretende-se um *tecno-organismo*. Como tal, inclui tanto os sistemas não vivos quanto todas as formas de vida, todas as espécies e os seus respectivos ambientes. A espécie humana não está excluída. No entanto, os indivíduos que o compõem são fundamentalmente passíveis de decomposição. Sequências de informações e de dados são redistribuídos dentro de cadeias antropotécnicas e de dispositivos reticulares cuja razão de ser é conjugar capital, tecnologia, biologia e neurobiologia.[46]

Aqui, a tecnologia não tem por objetivo simplesmente prolongar o corpo humano por meio de instrumentos ou ferramentas artificiais. Não se trata de apenas induzir ou influenciar comportamentos. Como muitos observadores têm salientado, trata-se de remodelar o ser humano enquanto tal, submetendo-o a normas genéricas objetivadas pelas tecnologias digitais.[47] Mas também se

46. Christian Borch e Bo Hee Min, "Toward a Sociology of Machine Learning Explainability. Human-Machine Interaction in Deep Neural Network-Based Automated Trading", *Big Data & Society*, v. 9, n. 2, jul.-dez. 2022.

47. A respeito dessa "adaptação biológica da espécie humana", ver Sophie Gosselin e David Gé Bartoli, "Covid-19: Vers une gouvernementalité anthropocénique", *Terrestres. Revue des livres, des idées et des écologies*, n. 16, 30 set. 2020.

trata de reformatar todas as dimensões da existência, incluindo o sistema nervoso. O processo de artificialização da existência não poupa em nada a natureza. A guinada se pretende integral, pois abrange a organização material, mineral e psicossensorial do mundo em toda a sua generalidade.

Por último, esse corpo planetário também se configura como um corpo-em-circulação, que circula enquanto linguagem codificada e é composto por múltiplas conexões. Assume, além disso, a forma de um sistema automatizado cujos principais vetores se intercomunicam. Essa circulação é tão virtual quanto real, e se mostra fundamental na medida em que é graças a ela que a equivalência geral dos seres se faz possível, com cada ser, vivo ou não, servindo como moeda de troca num comércio de múltiplas vertentes.

CONCLUSÃO

Ao longo deste ensaio, só se falou de comunidade. A bem da verdade, das condições de possibilidade de uma comunidade para além dos territórios, para além da identidade. De comunidade não como singularidade abstrata encerrada em si mesma, mas em sua extensão máxima, a Terra inteira, em sua finitude esférica. Mais precisamente, de comunidade não como essência singular ou, ainda pior, como hipóstase da diferença, mas sim como projeto de comunhão e, a partir daí, de *pluralização*, o que significa *muitas vezes um*. Ao invocar o tema da comunidade, não se tratava, pois, de ocultar a realidade da divisão e do conflito, senão de trazer à tona todas as consequências desta nova era global, inaugurada pelo advento deste viver, que nos deixará, daqui em diante, expostos uns aos outros.[1]

A semente e o lodo

Como o conceito de comunidade de certo modo envolve não apenas uma ideia de pertença, mas também uma figura da relação, pareceu-me útil partir não da diferença ou da perda, mas da dívida, embora perda e dívida sejam inseparáveis. Com efeito, ao refazer o presente do zero, não haverá escassez de uma nem da outra. No entanto, costumamos esquecer que existem perdas irreparáveis, assim como dívidas impagáveis. E é bem possível que toda comunidade digna desse nome nasça e se invente justamente no ponto de encontro entre o irreparável e o impagável.

1. Ver Judith Butler, *What World Is This?* Nova York: Columbia University Press, 2022.

Esse é, de qualquer forma, o traço distintivo daquilo que chamei, ao longo deste ensaio, de comunidade terrestre, ou, em última instância, a *assembleia dos vivos*, que inclui tanto os ancestrais como aqueles e aquelas que ainda não nasceram.

Se, aliás, ao longo de todo este percurso, não se falou senão de recomposição, de remontagem, ou mesmo de refundação, foi porque, no encontro com o Além, tantas coletividades de vivos sofreram uma espoliação indescritível. Parte do que lhes foi tomado não tem preço e jamais poderá ser restituído, e as perdas que sofreram nunca poderão ser compensadas. Para quem se debruçou sobre essa história de expropriação sem limite nem compensação, a dívida que lhes é devida é, por definição, incalculável. Em muitos casos, ela nem sequer foi reconhecida. Não se vislumbra esperança de que um dia seja honrada e dela não decorre nenhum dever de reparação. Não é porque o que lhes foi tirado é incalculável que eles não devem exigir justiça e verdade. Onde quer que tenham sido perpetrados crimes históricos, a verdade deve preceder tudo o mais, e o dever de reparação precisa valer para todos, sem discriminação.

Esse dever de reparação é inseparável da memória da perda e da dívida. Uma vez que todas as memórias da Terra são indispensáveis para a construção da comunidade dos vivos, não existe nenhuma memória humana que esteja acima ou abaixo das outras. Assim como todo crime é infinito, toda memória é única em seu gênero. Todos os povos têm não apenas direito à memória. Todas as memórias possuem igualmente o direito ao reconhecimento e à narração. Dessa perspectiva, reparação e restituição constituem um horizonte que, sempre mais adiante de nós, se abre para o que Mathieu Potte-Bonneville chama de “uma cosmologia ampliada”.[2] Exigir reparação por perdas que por definição

2. Mathieu Potte-Bonneville, “Après l’irréparable”, nota para apresentação nos *Ateliers de la pensée*, Dakar, 25 mar. 2022 (inédito).

são incalculáveis é, na verdade, reafirmar o dever de solidariedade que interliga todas as memórias do sofrimento humano. É fazer valer, muito além das diferenças, ou mesmo das singularidades, o caráter universal de cada sofrimento humano ao longo da história. Recordar esses fatos não significa, de forma alguma, uma tentativa de colocar para competir, seja em qual escala de valores for, eventos históricos de natureza distinta. É, simplesmente, lembrar o que custou transformar, para o benefício de todos, a ordem do mundo que herdamos.[3]

A questão da Terra – o que ela é, as relações entre suas diversas partes, a extensão dos seus recursos e a quem eles pertencem, como habitá-la, o que a move ou ameaça, para onde vai, quais são suas fronteiras e limites, qual poderá ser seu fim – vem nos acompanhando desde o início da história da humanidade. No fundo, sempre foi a nossa questão. E continuará a sê-lo, pelo menos enquanto dizer Terra for o mesmo que dizer mundo vivo, e vice-versa. Foram necessários, porém, séculos para que fosse aceita – e ainda hoje não o é totalmente – a noção de que, embora exista apenas um mundo, este é um Todo composto por mil partes. De todo o mundo. De todos os mundos. De uma só Terra. A essa entidade viva, com múltiplas facetas, Édouard Glissant deu um nome: o Todo-Mundo. Como para sublinhar a dimensão ao mesmo tempo epifânica e ecumênica do próprio conceito de humanidade – conceito sem o qual o mundo em si, em sua coisidade, nunca representaria o Todo.

É, portanto, a Terra que confere ao mundo vivo seu nome. Sem ela, a humanidade brilha por seu anonimato. Ao conferir seu nome à humanidade, a Terra se delega a ela e dela recebe a confirmação de sua própria posição, singular sim, mas também frágil, vulnerável e parcial, pelo menos em relação às outras forças do

3. Ver Akira Iriye, *Cultural Internationalism and World Order*. Baltimore: Johns Hopkins University Press, 1997.

Universo – os animais e as plantas, os objetos, os vírus e as moléculas, as divindades, as técnicas, os materiais e assim por diante. Assim, não existe comunhão de vida senão por nomeação, delegação, partilha e reciprocidade. Mas se também a humanidade se delega ao mundo e dele recebe a confirmação do seu próprio ser, bem como da sua fragilidade, então a diferença entre o mundo dos humanos e o mundo dos não humanos deixa de ser uma diferença de ordem externa. Opondo-se ao mundo dos não humanos, a humanidade se opõe a si mesma. Afinal de contas, é na relação que mantemos com os não humanos que se manifesta, em última instância, a verdade do que somos.

Na África antiga, o sinal manifesto da epifania que é a Terra, e por delegação a humanidade, era a semente que se planta na terra, que morre, renasce e produz a árvore, o fruto e a vida. Foi em grande parte para oficiar as núpcias da semente com a vida que foram inventados os objetos técnicos, os celeiros, os rituais, os sistemas de sinais, as obras de arte e até mesmo as instituições políticas. A semente devia produzir vida num ambiente em que a humanidade podia encontrar refúgio e descanso, mas do qual também precisava se proteger. Ambiente esse que, por sua vez, precisava ser constantemente reparado. A maioria dos saberes vernaculares só tinha utilidade em relação a esse trabalho interminável de reparação. Partia-se do princípio de que o ambiente era uma força em si mesma. Só era possível moldá-lo e transformá-lo pela via da escuta e do cuidado, estando com ele em consonância e não em conflito.

Por certo, o mundo dos humanos não era uma cópia exata do mundo animal e vegetal, tampouco do mundo das sombras e dos mortos, essa dimensão aparentemente ausente, mas na verdade bem presente. Nem por isso os viventes – os animais, as plantas e os desaparecidos – deixavam de ter algo em comum. As capacidades animais podiam entrar em ressonância com as aptidões humanas. Os humanos podiam delegar sua força vital – atual ou potencial – a um ou vários artefatos, que, por sua vez, serviam para *aumentar* a força e a inteligência dos humanos. O invisível podia ser trazido para junto de si e, num processo de habituação recíproca, os próprios mortos podiam ser trazidos de volta à vida. Partilhar o mundo com os outros era a chave para a durabilidade do mundo e a pedra angular de toda a cosmologia ampliada – a *ecologia geral*.

Para Édouard Glissant, o lodo era o significante precípuo dessa ecologia. Ele desempenhava o mesmo papel que a semente nos mitos africanos sobre a durabilidade do mundo. Como já pude salientar, "Édouard Glissant não falava do limo como se fosse mero refugo da matéria – uma substância ou elementos aparentemente mortos, uma parte aparentemente perdida, detritos arrancados de sua fonte e levados pelas águas. Ele via o limo como um resíduo depositado nas margens dos rios, no meio dos arquipélagos, no fundo dos oceanos, ao longo dos vales e ao pé das falésias – por todo lado e, sobretudo, nos lugares áridos e desérticos onde, numa inesperada inversão, do estrume emergem formas inéditas da vida, do trabalho e da linguagem". Isso porque, para ele, a durabilidade do nosso mundo deveria ser pensada a partir do seu avesso, "da estrutura canibal da nossa modernidade, que se instalou na época do tráfico negreiro".[4]

Na história do mundo vivo, a humanidade tem sido uma força constante, muitas vezes cega. Sempre acreditou que bastaria dominar a força da água, do vento, dos metais, dos combustíveis ou dos materiais radioativos para realizar, de uma vez por todas, seu projeto de dominação universal. Por tudo o que se supunha, a salvação na Terra passava pela máquina.

Sob a batuta do Norte do mundo, buscamos incansavelmente nos libertar dos ambientes naturais e orgânicos, em vez de conscientemente lhes dar espaço. Tendo há muito decidido dar um

4. Achille Mbembe, *Crítica da razão negra*, op. cit., pp. 311-312 [p. 259].

rumo dionisíaco à sua história e levar o resto do mundo consigo, o Ocidente agora custa a compreender a diferença entre o começo e o fim, o artificial, o sintético e o vivo. Consequentemente, o mundo vem sendo arrastado para um ingente processo de dilaceração, cujas consequências finais ninguém pode prever. Ao lado das grandes conquistas científicas e tecnológicas, os fatores mais decisivos para a transformação dos mundos foram frequentemente as pandemias, os flagelos, os desastres e as calamidades. Nesse sentido, é preciso reconhecer que uma parcela crucial da história do mundo vivo escapa à vontade humana. De fato, não só há um componente aleatório na história, como também uma dimensão inesperada e imprevisível que a consciência moderna tem dificuldade em admitir. Isso se torna ainda mais patente nesta era computacional.

Talvez não ocorra um apocalipse eletrônico, mas o mundo computacional em que temos os pés fincados, cuja característica fundamental é ser planetário, não eliminará o acaso, nem os riscos, tampouco as calamidades. Pelo contrário, de todos eles produzirá uma infinidade. Algumas surgirão diretamente das entranhas da Terra, ou dos mares e oceanos, que incessantemente perfuramos, fissuramos e degradamos. Outras serão consequência direta das relações ecocidas que mantemos com outras espécies, sobretudo com o mundo animal e orgânico. Seja qual for o caso, essas calamidades colocarão em risco, cada uma à sua maneira, nossa existência no planeta. Algumas serão locais, mas a maioria terá um coeficiente de expansão universal. Nesse sentido, não reconhecerão fronteiras. O paradoxo, porém, será que, quanto menos as fronteiras forem capazes de nos proteger dos flagelos, mais irrefreável será o desejo de fronteiras.

De resto, a crença hoje em dia é que a humanidade sobreviverá, ou pelo menos parte dela, caso avance para outro estágio de sua evolução biológica e se equipe com um sistema nervoso artificial, ou então se expatrie para algum exoplaneta. O mito da transplantação cósmica está de volta. Parte da política de poder das grandes nações baseia-se agora no sonho de uma organização automatizada do mundo graças à fabricação de um novo sujeito, fruto da combinação de uma montagem fisiológica, de uma montagem sintética e eletrônica e de uma montagem neurobiológica. Demos a isso o nome de tecnolibertarismo. Não é algo exclusivo do Ocidente. A China também se lançou nessa aventura, de forma vertiginosa, com a diferença de não ter a democracia de mercado.

Paralelamente, outro paradigma de governo se estabelece gradualmente: o *governo pela captação* ou pela captura contínua dos fluxos da existência. Essa forma de governo é obra de *poderes mutantes*. O governo pela captação, em cujo âmbito a história e a palavra quase não existem mais, esbarra na realidade dos corpos de carne e osso, de micróbios, de vírus, de bactérias e de todo tipo de fluidos, incluindo o sangue. Esbarra na realidade de uma história que, nos dias de hoje, só pode ser lida e interpretada na escala do tempo mineral, climatológico ou geológico, do tempo pancósmico, do tempo do Universo.

A reparação do mundo

Filha primogênita da humanidade e uma das mais antigas residentes da Terra, a África é ao mesmo tempo uma *potência em reserva* e uma *reserva de potência*. Por potência se entende não uma relação de força e menos ainda o movimento incessante de destruição de seres e coisas que evocamos ao longo deste ensaio, mas sim uma força vital, um potencial de originalidade, um fluxo de energia e uma capacidade singular de ressonância, resiliência e criatividade. Com efeito, em seus repertórios antigos, eximir-se da potência e saber fazer alianças com outras forças vitais é o meio mais seguro de participar da realização do cosmos, isto é, da construção de uma morada aberta a todos, que *abra espaço* a cada um e na qual cada um e cada uma sejam chamados a se tornar ancestrais em potencial, segmentos de uma cadeia ininterrupta de laços.

Nessa configuração, a potência é, acima de tudo, uma capacidade de desprendimento e uma disposição para o Aberto. Consiste em *abrir espaço* para o Outro, em proporcionar laços. Nisso, ela representa uma figura paradoxal da desapropriação. Tecer laços requer que se renuncie à violência, que ela seja suspensa, pois a violência é uma forma de produção inerte, que condena o ser ao esgotamento, enquanto a desapropriação abre caminho para a regeneração. O sistema do devir se baseia nessa exigência de ressonância com o conjunto dos seres vivos. Ela satura a existência humana e lhe dá sentido e direção. Essa exigência tem sua origem no axioma de que não há limite para os fluxos da vida. A vida se constrói e se reconstrói a partir dos laços que estabelecemos incessantemente entre todas as figuras do ser. O que importa é que haja lugar para todos e que ninguém seja excluído, o que conta é nossa participação comum em energias e forças que, embora com elas forjemos alianças, nos ultrapassam individualmente. A relação dos seres humanos com o resto dos seres vivos não se assenta na sede de conquista e apropriação, mas, pelo contrário, numa *ética do desprendimento*. Seu objetivo fundamental é a multiplicação das reservas de vida, a partilha do sopro primordial que reúne e anima a assembleia, composta que é por mortos, vivos e ancestrais, por seres e coisas, por animais, plantas, objetos e espíritos.

Nesse contexto, no coração da precariedade da vida e da iminência sempre presente da morte, dar à luz, reunir, combinar de maneira variável diferentes linhagens e diferentes estados, traduzidos em múltiplos fluxos e segmentos, é abrir um horizonte, crescer a partir não de si mesmo, mas dos outros, e existir como relação. Nessa concepção da vida e da Terra, a humanidade não ocupa um lugar de supremacia. A vida, como vimos em O *bebedor de vinho de palmeira*, de Amos Tutuola, consiste numa dinâmica de exposição positiva e não raro arriscada ao desconhecido e ao imprevisível. Também vimos que as metafísicas africanas atribuem um lugar central ao princípio da *animação* e da partilha do sopro vital. Elas se distinguem de outras tradições convictas de que existe uma diferença fundamental entre o sujeito humano e o mundo que o rodeia, entre o universo dos humanos e o universo da natureza e dos objetos; ou de que nada é inviolável, inalienável ou imprescritível. Tudo é fruto da potência, e não há nada pior do que uma potência desarmada.

Na era do antropoceno e do tecnolibertarismo, busca-se outra existência, fazem-se mais do que necessários outros arranjos vitais e outros paradigmas da *libertação* do mundo vivo. Este duplo momento coincide com a ascensão de poderes paranoicos e superarmados, que pretendem abolir os riscos e minimizar a incerteza e a indeterminação, protegendo seus povos contra todos os imprevistos e perigos. Propõem um modo de existência dominado pelo medo, pela angústia e preocupação com a segurança e pelo desejo de secessão. Por trás dessa busca por uma vida estável, escondem-se, na verdade, a recusa de um mundo aberto e em movimento e uma vontade de conservação e de segurança biológica a qualquer preço. O corpo que esses poderes almejam fabricar se vê assolado pela possibilidade sempre iminente de seu próprio desaparecimento. Uma das propriedades de um corpo assim é renegar a própria mortalidade e refutar a todo momento a própria precariedade e a própria fragilidade essencial.[5]

Ao mesmo tempo, trata-se de um corpo que vive incessantemente extraindo, para seu proveito exclusivo, toda a matéria do mundo vivo. Busca se colocar acima de tudo e no centro de tudo, manter o objeto o mais longe possível do sujeito e subjugar e dominar a natureza por meio da tecnologia e das máquinas. A Terra está à sua plena disposição e ele busca fazer dela o que bem entende

5. Judith Butler, "Vida precária", loc. cit.

e a seu bel-prazer. Mas daqui em diante será preciso imaginar outras maneiras de habitá-la, compartilhá-la, repará-la e cuidar dela. É aqui que as metafísicas africanas do vínculo são particularmente úteis. Frequentemente esquecemos que as sociedades africanas antigas eram sociedades abertas, plurais e em movimento. Na mesma medida em que desenvolviam uma consciência viva da multiplicidade de formas de vida, abriam também um amplo espaço para a diversidade de comportamentos e para a temática da singularidade.

Ao examinar suas artes e técnicas, ficamos impressionados com a importância que davam ao tema do *refazimento do mundo* como atividade permanente. A qualidade das trocas com *os ambientes* era uma das condições para o crescimento, a reprodução e a fertilidade. E esta, em particular, não dizia respeito apenas à natalidade, mas ao metabolismo no sentido mais geral do termo, ou seja, ao esforço contínuo no afã de deter as forças da entropia e da degenerescência. A dívida de vida exigia uma participação ampliada dos seres e das coisas em toda ação sobre a matéria e sobre os corpos. Como no mundo indígena americano, havia múltiplas maneiras de ser um ser humano ou uma coisa no mundo vivo ou dos vivos.[6]

Todos os seres vivos e todas as formas de vida deveriam, em algum momento, deixar de existir. Isso não só era uma de suas características fundamentais, mas também uma das fontes privilegiadas de sua potência. Ao mesmo tempo, todos estavam suscetíveis a acolher, em seu seio, substâncias anímicas. Ali ficavam alojadas de forma mais ou menos temporária, e a vida consistia na sua ativação, distribuição e circulação no quadro de uma configuração ecotécnica. Os objetos técnicos, por sua vez, tinham a função de agir e interagir com os seres vivos. Mas também podiam ter uma dimensão tanatogênica. Se eram capazes de fazer viver, eram igualmente capazes de fazer morrer.

6. Ver Fernando Santos-Granero (org.), *The Occult Life of Things. Native Amazonian Theories of Materiality and Personhood*. Tucson: The University of Arizona Press, 2009.

A durabilidade do mundo e a sobrevivência da humanidade dependerão da nossa capacidade de nos relacionarmos com as forças que influenciam os processos vitais. Dependerá também da nossa capacidade de fazer justiça a todos os seres vivos. Como observa Mathieu Potte-Bonneville, não se trata de restaurar o que foi perdido. Fazer justiça nas condições contemporâneas implica um esforço para distribuir e alocar os recursos universais da forma mais equitativa possível, tendo em conta a sua irreversível escassez e sem nunca perder de vista os interesses das gerações futuras. Pressupõe, além disso, o reconhecimento da igualdade fundamental de todos os seres vivos. Potte-Bonneville acrescenta que esse reconhecimento e essa exigência de justiça não são estritamente materiais nem redutíveis a um mero reconhecimento simbólico. A justiça assim compreendida se estende a todas as esferas da existência, a começar pelas esferas biológico-física e ecológica.[7]

Nessa perspectiva, fazer justiça e forjar um futuro a partir da consciência da finitude, mas também do incalculável, do irreparável e do impagável consiste, prioritariamente, em dar vida nova ao que, arrancado pelas raízes, foi submetido à lógica da dispersão e da dilaceração. De fato, é ao reanimar os seres e as coisas aparentemente sem vida – "o homem", mas também a árvore morta, reduzida a entulho – que se realizará a união da semente e do lodo. Fiel à promessa dos antigos dogons, a máscara voltará então a ser o símbolo da determinação dos vivos em resistir à corrupção, à putrefação e à decomposição. Simulacro do cadáver e substituto do corpo pútrido, sua função não será mais apenas recordar os mortos. Será, uma vez mais, testemunhar a transfiguração do corpo (invólucro perecível), a apoteose do mundo e sua imputrescibilidade.

7. Mathieu Potte-Bonneville, "Après l'irréparable", loc. cit.

Dados Internacionais de Catalogação na Publicação (CIP)
(Câmara Brasileira do Livro: SP, Brasil)

M478c Mbembe, Achille

A comunidade terrestre. Achille Mbembe. Tradução de Sebastião Nascimento. São Paulo: n-1 edições, 2025.

232 páginas; il.; 14 cm x 21 cm.

Tradução de: *La communauté terrestre*
ISBN: 978-65-6119-057-2

1. Filosofia. I. Nascimento, Sebastião. II. Título.

CDD: 100
2025-3869 CDU: 1

Elaborado por Odilio Hilario Moreira Junior (CRB-8/9949)

Índices para catálogo sistemático:
1. Filosofia 100
2. Filosofia 1

n-1

O livro como imagem do mundo é de toda maneira uma ideia insípida. Na verdade não basta dizer Viva o múltiplo, grito de resto difícil de emitir. Nenhuma habilidade tipográfica, lexical ou mesmo sintática será suficiente para fazê-lo ouvir. É preciso fazer o múltiplo, não acrescentando sempre uma dimensão superior, mas, ao contrário, da maneira mais simples, com força de sobriedade, no nível das dimensões de que se dispõe, sempre n-1 (é somente assim que o uno faz parte do múltiplo, estando sempre subtraído dele). Subtrair o único da multiplicidade a ser constituída; escrever a n-1.

Gilles Deleuze e Félix Guattari

n-1edicoes.org

v. e4842cb